使い方

①切り離して、リングでとじてください。
②CDを聞き、音声に合わせて発音しましょう。
③英語を日本語に、日本語を英語にしよう。
④カードを持ち歩いて、くり返し覚えよう。
※グループごとに色分けしています。

JN096370

1 family

2 father

3 mother

4 brother

5 sister

6 uncle

7 aunt

8 baby

9 boy

10 girl

11 man

12 woman

13 friend

14 student

15 teacher

16 people

17 name

18 bag

スマホでも
聞けるよ！

1 ～ 7　トラック69
8 ～ 17　トラック70
18 ～ 28　トラック71
29 ～ 38　トラック72

39 ～ 47　トラック73
48 ～ 61　トラック74
62 ～ 71　トラック75
72 ～ 78　トラック76
79 ～ 90　トラック77
91 ～ 95　トラック78

96 ～ 109　トラック79
110 ～ 123　トラック80
124 ～ 133　トラック81
134 ～ 142　トラック82
143 ～ 150　トラック83
151 ～ 158　トラック84

1 家族

2 父, お父さん

3 母, お母さん

4 兄, 弟, 兄弟

5 姉, 妹, 姉妹

6 おじ

7 おば

8 赤ちゃん

9 男の子, 少年

10 女の子, 少女

11 男の人, 男性

12 女の人, 女性

13 友だち

14 生徒, 学生

15 先生

16 人々

17 名前

18 かばん, バッグ

| 19 bed | 20 book | 21 box | 22 chair |
|---|---|---|---|
| 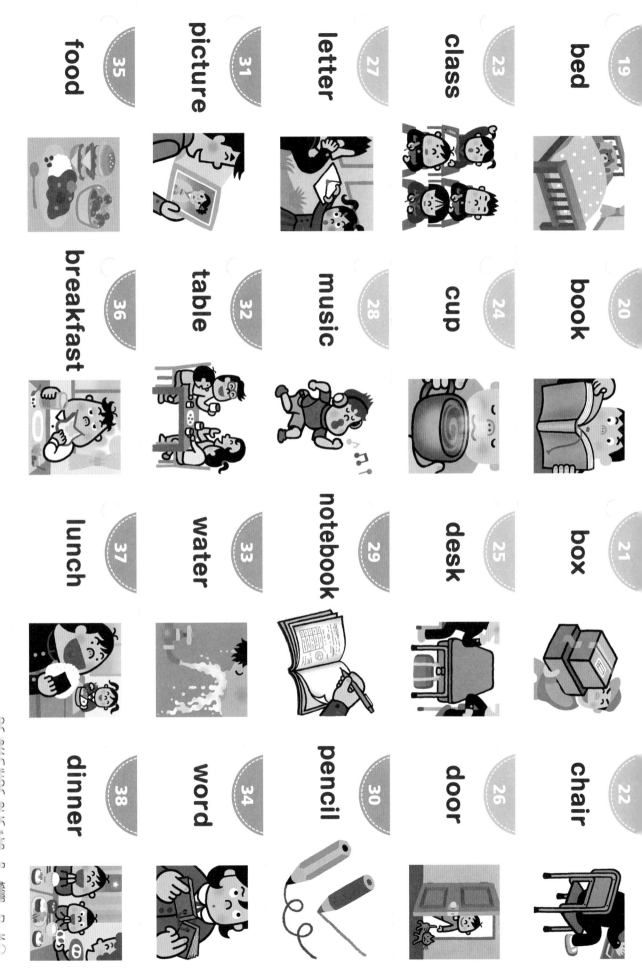 | | | |

| 23 class | 24 cup | 25 desk | 26 door |
|---|---|---|---|

| 27 letter | 28 music | 29 notebook | 30 pencil |
|---|---|---|---|

| 31 picture | 32 table | 33 water | 34 word |
|---|---|---|---|

| 35 food | 36 breakfast | 37 lunch | 38 dinner |
|---|---|---|---|

**19** ベッド

**20** 本

**21** 箱

**22** いす

**23** 学級, 組, 授業

**24** カップ

**25** 机

**26** ドア

**27** 手紙

**28** 音楽

**29** ノート

**30** えんぴつ

**31** 写真, 絵

**32** テーブル

**33** 水

**34** 語, 単語

**35** 食べ物

**36** 朝食

**37** 昼食, 弁当

**38** 夕食, ディナー

| 39 animal | 40 bird | 41 fish | 42 flower |
|---|---|---|---|
| 43 tree | 44 car | 45 bus | 46 train |
| 47 plane | 48 house | 49 park | 50 room |
| 51 school | 52 sport | 53 baseball | 54 soccer |
| 55 tennis | 56 Japan | 57 America | 58 China |

| 39 動物 | 40 鳥 | 41 魚 | 42 花 |
| 43 木 | 44 自動車 | 45 バス | 46 電車, 列車 |
| 47 飛行機 | 48 家 | 49 公園 | 50 部屋 |
| 51 学校 | 52 スポーツ | 53 野球 | 54 サッカー |
| 55 テニス | 56 日本 | 57 アメリカ | 58 中国 |

| 59 Japanese | 60 English | 61 Chinese | 62 time |
|---|---|---|---|
| 63 morning | 64 afternoon | 65 evening | 66 night |
| 67 day | 68 week | 69 month | 70 year |
| 71 today | 72 Sunday | 73 Monday | 74 Tuesday |
| 75 Wednesday | 76 Thursday | 77 Friday | 78 Saturday |

| | | | |
|---|---|---|---|
| **59** 日本語(の), 日本人(の), 日本の | **60** 英語(の) | **61** 中国語(の), 中国人(の), 中国の | **62** 時間, 時刻, ～回 |
| **63** 朝, 午前 | **64** 午後 | **65** 晩, 夕方 | **66** 夜 |
| **67** 日, 1日 | **68** 週, 週間 | **69** (こよみの)月 | **70** 年, 1年 |
| **71** 今日(は) | **72** 日曜日 | **73** 月曜日 | **74** 火曜日 |
| **75** 水曜日 | **76** 木曜日 | **77** 金曜日 | **78** 土曜日 |

| 79 January | 83 May | 87 September | 91 season | 95 winter |
|---|---|---|---|---|
| 80 February | 84 June | 88 October | 92 spring | 96 cook |
| 81 March | 85 July | 89 November | 93 summer | 97 drink |
| 82 April | 86 August | 90 December | 94 fall | 98 eat |

| 79 | 1月 | 83 | 5月 | 87 | 9月 | 91 | 季節 | 95 | 冬 |
| 80 | 2月 | 84 | 6月 | 88 | 10月 | 92 | 春 | 96 | ～を料理する |
| 81 | 3月 | 85 | 7月 | 89 | 11月 | 93 | 夏 | 97 | ～を飲む |
| 82 | 4月 | 86 | 8月 | 90 | 12月 | 94 | 秋 | 98 | ～を食べる |

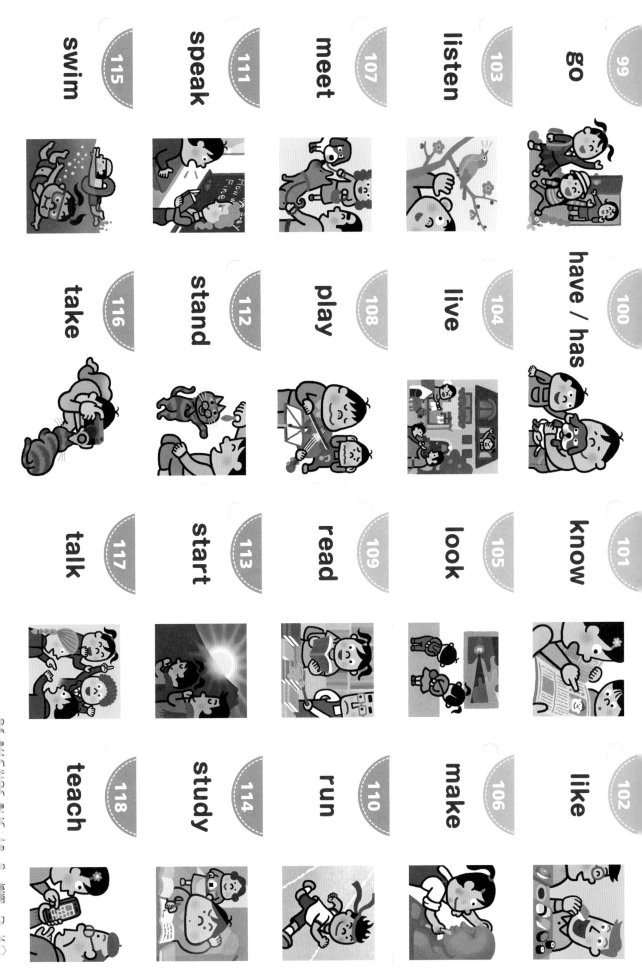

99 go

100 have / has

101 know

102 like

103 listen

104 live

105 look

106 make

107 meet

108 play

109 read

110 run

111 speak

112 stand

113 start

114 study

115 swim

116 take

117 talk

118 teach

**99** 行く

**100** ～を持っている、～がある、～を食べる、～を飼っている

**101** ～を知っている、わかる

**102** ～が好きだ

**103** 聞く、耳を傾ける

**104** 住んでいる

**105** 見る、目を向ける

**106** ～を作る

**107** ～に会う

**108** (スポーツ)をする、(楽器)を演奏する、遊ぶ

**109** ～を読む、読書する

**110** 走る

**111** (言葉)を話す

**112** 立っている、立つ

**113** ～を始める、始まる

**114** ～を勉強する

**115** 泳ぐ

**116** ～を持っていく、連れていく、(乗り物)に乗る、(写真)をとる

**117** 話す、しゃべる

**118** ～を教える

| 119 walk | 123 work | 127 many | 131 good | 135 hot |
| 120 want | 124 a / an | 128 some | 132 bad | 136 cold |
| 121 wash | 125 the | 129 big | 133 happy | 137 new |
| 122 watch | 126 all | 130 small | 134 sad | 138 old |

| 119 | 120 | 121 | 122 |
|---|---|---|---|
| 歩く | ～がほしい | ～を洗う | ～を(じっと)見る、腕時計 |

| 123 | 124 | 125 | 126 |
|---|---|---|---|
| 働く、仕事をする、仕事 | 1つの、1人の人 | その | すべての、全部 |

| 127 | 128 | 129 | 130 |
|---|---|---|---|
| 多くの | いくつかの | 大きい | 小さい |

| 131 | 132 | 133 | 134 |
|---|---|---|---|
| よい、おいしい | 悪い | 幸せな、うれしい | 悲しい |

| 135 | 136 | 137 | 138 |
|---|---|---|---|
| 暑い、熱い | 寒い、冷たい | 新しい | 古い、年をとった、～歳の |

| 139 long | 140 tall | 141 busy | 142 next |
| 143 what | 144 which | 145 when | 146 where |
| 147 who | 148 whose | 149 why | 150 how |
| 151 at | 152 in | 153 on | 154 to |
| 155 from | 156 now | 157 hello | 158 Thank you. |

139 長い

140 背が高い

141 忙しい

142 次の、今度の

143 何、何の

144 どちら、どれ、どの

145 いい

146 ここ、そこ、どこ

147 だれ

148 だれの、だれのもの

149 なぜ、どうして

150 どうやって、どれくらい

151 ～で[に] (場所)、～に (時刻)

152 ～の中に[の]、～に (月・年・季節・時間)

153 ～の上に[で]、～に (曜日、特定の日)

154 ～へ[に]

155 ～から、～出身の

156 今、現在

157 こんにちは、(電話で) もしもし

158 ありがとう。

# わからないを
# わかるにかえる
# 中1英語

文理

# もくじ contents

## 小学校で習った英語の復習

## 1 be 動詞の文

## 2 一般動詞の文

## 3 名詞の複数形,形容詞・副詞,前置詞, There is [are] 〜.

イラスト：art box（YOSHIROO HAYAHARA）
有田ようこ
仲田まりこ

# この本の特色と使い方

## 1単元は，2ページ構成です。

解説を読んで，問題にチャレンジしよう！

**CDトラック**
音声が収録されている
ＣＤのトラック番号！

この単元で理解
しておきたい
**文法の説明
と例文**

イラストつきで
わかりやすい！

大事なポイントをていねいに解説！

**練習問題**
学習したことを
**問題形式**で
確認！

実力が
しっかり
身につく！

**英語の音声が充実**
例文（♪のついたところ）の音声を収録。
**発音・リスニング**が身につく！

## リスニング問題が
## 7回あります。

さまざまなタイプの問題にチャレンジ！
リスニング力を
つけよう！

答えがわかるまで，くり返し聞いてもかまいません！

リスニング問題は章ごとについてるよ！

### 英語の音声

説明ページの例文（♪），リスニング問題に
チャレンジ，重要単語カードの音声は文理の
ホームページからダウンロードできます。
http://www.bunri.co.jp/
また，右のQRコードからも
聞くことができます。

スマホで聞く

### 音声つき
### 重要単語カード！

わからないをわかるにかえる
**重要単語
カード** 中1
英語

ちょっとした時間
にも確認できる！

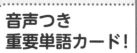

| スマホでも聞けるよ！ | 39 ～ 47 トラック73 | 96 ～ 109 トラック79 |
| --- | --- | --- |
| | 48 ～ 61 トラック74 | 110 ～ 123 トラック80 |
| 1 ～ 7 トラック69 | 62 ～ 71 トラック75 | 124 ～ 133 トラック81 |
| 8 ～ 17 トラック70 | 72 ～ 78 トラック76 | 134 ～ 142 トラック82 |
| 18 ～ 28 トラック71 | 79 ～ 90 トラック77 | 143 ～ 150 トラック83 |
| 29 ～ 38 トラック72 | 91 ～ 95 トラック78 | 151 ～ 158 トラック84 |

※音声サービスは無料ですが，別途，各通信会社の通話料がかかります。
※お客様のネット環境により，ご利用いただけない場合がございます。ご理解，ご了承いただきますようお願いいたします。
※ QRコードは，(株)デンソーウェーブの登録商標です。

# 小学校で習った英語の復習

中学校で本格的に英語を習う前に，小学校で習った英語を復習しておきましょう。

ここでは，中学校の最初の授業で習う自己紹介で使う表現，自分のしたいことを言うときに使う表現を復習しておきましょう。また，道をたずねたり，教えたりするときの表現も復習しましょう。

I am ～. 「私は～です」

I like ～. 「私は～が好きです」

I want to ～. 「私は～したい」

I want to be ～. 「私は～になりたい」

# ① あいさつ・自己しょうかい

あいさつ・自己しょうかい　 01

ここでは，初めて会った人へのあいさつや自己しょうかいのしかたを復習しましょう。

初対面の人に「はじめまして」とあいさつをするとき，**Nice to meet you.** と言います。これに対して，Nice to meet you, too. と **too** をつけて返事します。

Hello, nice to meet you.　　こんにちは，はじめまして。

Hi, nice to meet you, too.　こんにちは，はじめまして。

Nice to meet you. に返事をするときは，too をつけてね。

Hello　Hi

これも
タイせつ

朝，午前中：Good morning ./ 午後：Good afternoon. / 夕方，夜：Good evening.
How are you?（元気ですか）
－ I'm fine[good].（元気です）/ I'm tired.（つかれています）/ I'm sleepy.（ねむいです）

初対面のあいさつに続いて，自己しょうかいでよく使う表現を復習しましょう。

自分の名前は **I'm ～ .** と言います。**My name is ～ .** と言うこともできます。自分の出身地は，**I'm from ～ .** と言います。

また，自分の好きなことを言うときは，**I like ～ .** と言います。自分がするスポーツや楽器演奏については，**I play (the) ～ .** と言います。

I'm Yuka. I'm from Osaka.　私はユカです。大阪出身です。
　　└ 名前　　　　　└ 出身地

I like sports and music.　　スポーツと音楽が好きです。
　　　└ 好きなもの

I play tennis. I play the piano every day.　テニスをします。
　　└ すること　　　└ すること，　　　　　ピアノを毎日ひきます。
　　　　　　　　　楽器の前は the

『（楽器を）演奏する』は
play the ～ だよ！
the を忘れないで！
チューイ！

これだけ
チェック！　●初対面の人とのあいさつで使う表現や自
己しょうかいで使う表現を覚えよう！

➡答えは別冊 p.2

1 次の絵の場面で使う適切な英語を下から選び，その記号を（　）に書きましょう。

(1)

（　　　）

(2)

（　　　）

(3)

（　　　）

(4)

（　　　）

| ア Good afternoon. | イ I like baseball. | ウ I'm from Okinawa. |
| エ Nice to meet you. | オ I like basketball. | カ Good evening. |

（　）内のことばを使って英語で書きましょう。

(1) 私はアメリカ出身です。　（from, America）

_____

(2) 私はリコーダーを毎日ふきます。　（recorder）

_____ every day.

(3) 私は理科が好きです。　（science）

_____

# ② 道をたずねる

道案内

ここでは，道のたずね方と答え方を復習しましょう。
「～はどこですか」と道をたずねるときは，Excuse me. Where is ～？と言います。

場所を表すことばを復習しておきましょう。

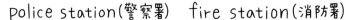    

道順は，「まっすぐに行く」の go straight. や「右［左］に曲がる」の turn right[left]
などを使って説明します。

go straight for one[two] block(s)（1［2］ブロックまっすぐ行く）
turn right[left] at the first corner（最初の角を右［左］に曲がる）
turn right[left] at the second corner（2番目の角を右［左］に曲がる）

これだけ
チェック！ ●建物や場所を表す英語を覚えましょう。
●道のたずね方と答え方を覚えましょう。

➡答えは別冊 p.2

**1** 次の建物や場所を表す英語を右から選び，□□に書きましょう。

(1) 公園 

(2) 図書館 

(3) 美術館 

(4) 駅 

> station
> library
> museum
> park

**2** 次の英語は右の絵の場面を表しています。絵にあっていれば〇，あっていなければ
×を（ ）に書きましょう。

(1) Excuse me.
Where is the post office?
— Go straight.
And turn left.

（ ）

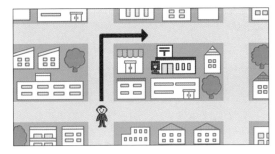

(2) Excuse me.
Where is the police station?
— Go straight.
And turn right at
the second corner.

the second corner：2番目の角 （ ）

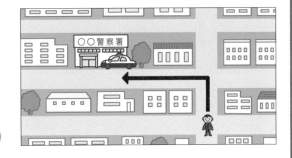

 （ ）内のことばを使って英語で書きましょう。

病院はどこですか。 (the hospital)

— 1 ブロックまっすぐに行ってください。 (for one block)

_____

—_____

# ③ したいこと・なりたい職業

したいこと・なりたい職業　♪  03

小学校の復習として，最後に「したいこと」や「将来の夢」の言い方を復習しましょう。

「～したい」は，I want to ～ . と言います。「～」の部分に，したいこと，たとえば，go to Australia や see koalas などを入れます。

I want to go to Australia.　私はオーストラリアに行きたいです。
└ したいこと

I want to see koalas.
　　　　　　　私はコアラを見たいです。

『私は～したい』は
I want to～!

この「～したい」の want to ～ を使って，中学校でしたいことをたずねたり，言ったりするときの表現をみてみましょう。

What do you want to do in junior high school?
あなたは中学校で何がしたいですか。

I want to join the art club.
　　　　　　したいこと └　私は美術部に入りたいです。

join the ～ club[team]
で『～部に入る』!

最後に，将来なりたい職業をたずねたり，言ったりするときの表現をみてみましょう。

What do you want to be in the future?
　　　あなたは将来何になりたいですか。

I want to be a singer.
　　なりたい職業 └　　私は歌手になりたいです。

なりたい職業を言うときには
want to be～! be を忘れないで!

これだけ チェック！
● 「〜したい」は want to 〜で表す。
● 「〜になりたい」は want to be 〜で表す。

→答えは別冊 p.2

**1** 次の英文を表す絵を下から選び，その記号を（  ）に書きましょう。

(1) I want to go to Australia.  （     ）

(2) I want to join the art club.  （     ）

(3) I want to buy a new bike.  （     ）

ア

イ

ウ

エ

オ

カ

**2** 〔  〕内の語を並べかえて，英文を作りましょう。

(1) あなたは中学校で何がしたいですか。

What 〔 want / you / do / do / to 〕 in junior high school?

What _____ in junior high school?

(2) あなたは将来何になりたいですか。 ― 私は歌手になりたいです。

What 〔 want / you / do / be / to 〕 in the future?

What _____ in the future?

― I 〔 to / want / a singer / be 〕.

― I _____ .

リスニング問題にチャレンジ

→答えは
別冊 p.2

**1** 対話を聞き，それぞれの対話の行われている場面としてもっとも適切な絵をア〜エから１つ選び，記号を書きなさい。 ♪ 04

(1) （　　　　）　　(2) （　　　　）　　(3) （　　　　）

ア

イ

ウ

エ

**2** ジェーンの自己紹介を聞き，その内容にあうように，空所に適することばを書きなさい。 ♪ 05

| 名前 | ジェーン・スミス |
|---|---|
| 出身地 | (1)(　　　　　　　　　　　　　　　) |
| 好きなこと | 音楽が好きで，(2)毎日(　　　　　　　　　　　　) |
| | (3)(　　　　　　　　　　　) が好きで， |
| | (3)(　　　　　　　　　　　) 部に入りたいと思っている |

12

# be 動詞の文

「私はケンです」「あなたは生徒です」のように，「…は〜です」を英語で表すにはどうしたらいいかな。
それには be 動詞というものを使います。
be 動詞には am，are，is の 3 種類があります。どのようなときに，どの be 動詞を使うのか，その使い方をしっかり理解しましょう。

I am 〜.「私は〜です」　私はトムです。

You are 〜.「あなたは〜です」　あなたは背が高いです。

He[She] is 〜.「彼[彼女]は〜です」　彼は私の先生です。

This[That] is 〜.「これ[あれ]は〜です」　あれは彼の車です。

# ④ 「私は〜です」「あなたは〜です」

I am 〜. / You are 〜.  06

英語の文には，主語（だれが）と動詞（どうする）が必要だよ。では，「私は〜です」「あなたは〜です」と言うときは，どんな動詞を使うのかな？

「私は〜です」と自己紹介するときは，I am 〜. と言います。
この文では，主語は I（私は）で，動詞は am（〜です）です。

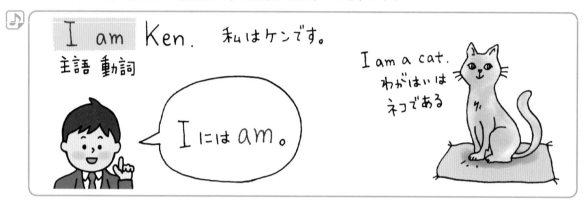

「あなたは〜です」と相手について言うときは，You are 〜. となります。
この文では，「あなたは」を表す you が主語で，「〜です」を表す are が動詞です。

英語には，よく使う2語を短く縮めた短縮形という形があります。
I am の短縮形は I'm，you are の短縮形は you're です。

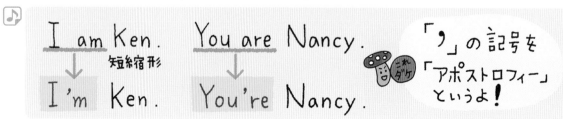

14

これだけ
チェック！

●「私は〜です」は I am 〜.，「あなた
　は〜です」は You are 〜. で表す！

➡答えは別冊 p.2

**1** □□□に適する語を書きましょう。

(1) 私は岡田エミです。

I _____ Okada Emi.

(2) あなたはトムです。

You _____ Tom.

(3) 私は鈴木オサムです。

_____ _____ Suzuki Osamu.

(4) あなたは佐藤ユミです。

_____ _____ Sato Yumi.

(5) 私は生徒です。　短縮形を使う。student：生徒

_____ a student.

(6) あなたは大阪の出身です。　from：〜出身の

_____ from Osaka.

**2** 〔 〕内の語を並べかえて，英文を作りましょう。

(1) 私はタクヤです。　〔 am / I / Takuya 〕.

_____

(2) あなたはメアリーです。　〔 you / Mary / are 〕.

_____

英語で書きましょう。

(1) 私は田中ヨシオ(Tanaka Yoshio)です。

_____

(2) あなたは鈴木エリコ(Suzuki Eriko)です。

_____

# 5 「彼[彼女]は～です」「これ[あれ]は～です」

He[She] is ～. / This[That] is ～.

今回は，am，are に続いて，「～です」を表す3つめの動詞を覚えましょう。

主語が I と you 以外の1人のときは，動詞は is を使います。たとえば，he(彼)，she(彼女)，Yumi(ユミ)などは，すべて is を使います。

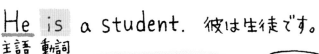

He is a student. 彼は生徒です。
主語 動詞

I と you 以外の1人には is。

彼も生徒だよ。

主語が1つの物のときも，動詞は is を使います。たとえば，this(これ)，that(あれ)，my bag(私のかばん)などは，すべて is を使います。

This is a bike. これは自転車です。
主語 動詞

That is my bag. あれは私のかばんです。
主語 動詞

1つの物にも is。

これも
タイせつ

This is ～., That is ～. は，「こちらは～です」「あちらは～です」と人を紹介するときにも使います。
This is Mr. Mori. （こちらは森先生です）

これまでに登場した am，are，is をまとめて be 動詞といいます。今後の学習で使うことばなので，覚えておきましょう。

最後に，短縮形を確認しましょう。
this is には短縮形はありません。

he is → he's （彼は～です）
she is → she's （彼女は～です）
that is → that's （あれ[あちら]は～です）

これだけ
チェック！
● I と you 以外の1人の人や1つの物
が主語のときは，be動詞は is を使う！

➡答えは別冊 p.3

**1** ☐に適する語を書きましょう。

(1) 彼はボブです。

He ☐ Bob.

(2) これは私のノートです。　my：私の　notebook：ノート

This ☐ my notebook.

(3) ユミは親切です。　kind：親切な

Yumi ☐ kind.

(4) 彼女は先生です。　teacher：先生

☐ ☐ a teacher.

(5) こちらはグリーンさんです。　Mr.：（男性に対して）～さん，先生

☐ ☐ Mr. Green.

(6) あれは私のかばんです。　短縮形を使う。bag：かばん

☐ my bag.

**2** 〔　〕内の語句を並べかえて，英文を作りましょう。

(1) 彼女は生徒です。　student：生徒

〔 is / a student / she 〕.

_____

(2) こちらはホワイト先生です。　Ms.：（女性に対して）～さん，先生

〔 this / Ms. White / is 〕.

_____

(3) あなたの机は大きいです。　your：あなたの　desk：机　big：大きい

〔 your / is / desk / big 〕.

_____

# ⑥ 主語が複数の文

We[They] are 〜.  08

これまで学習してきた文はすべて, 主語が1人か1つ(単数といいます)でしたね。
ここでは, 主語が2人・2つ以上(=複数といいます)の文について学びましょう。

主語が Mike and Bob(マイクとボブ)など, 複数のときは, be動詞は are を使います。

**単 数**

Mike is from America.
主語　単数なら is
　　　マイクはアメリカ出身です。

**複 数**

Mike and Bob are from America.
　主　語　　　複数なら are
　　　マイクと ボブは アメリカ出身です。

主語が we(私たち)や they(彼ら, 彼女ら, それら)のときも, be動詞は are を使います。

We are fine. 私たちは元気です。

They are cool. 彼女たちはかっこいい。

主語が複数なら are を 使うよ!

これも
タイセツ
this(これ)の複数形は these(これら), that(あれ)の複数形は those(あれら)です。
　These are my pencils. (これらは私のえんぴつです)
また, you は「あなた」のほかに「あなたたち」という複数の意味でも使います。

主語が複数のときは, are ですね。
we are の短縮形は we're, they are
の短縮形は they're です。

we are → we're (私たちは〜です)
they are → they're
　　　(彼ら[彼女ら, それら]は〜です)

これだけ チェック!　　●主語が複数を表す語句のときは，be 動詞は are を使う！

➡答えは別冊 p.3

**1**　　□に適する語を書きましょう。

(1) 私たちは生徒です。　student：生徒

We [　　　　] students.

(2) あなたたちも生徒です。　too：～もまた

You [　　　　] students, too.

(3) これらは私のペンです。　my：私の　pen：ペン

These [　　　　] my pens.

(4) あれらは鳥です。　bird：鳥

Those [　　　　] birds.

(5) 彼らはオーストラリアの出身です。　Australia：オーストラリア

[　　　　] [　　　　] from Australia.

(6) 彼女たちは私の友だちです。　friend：友だち

[　　　　] [　　　　] my friends.


**2**　　下線部を(　)内の語句にかえて書きかえましょう。

(1) <u>I</u> am from Japan.　(We) Japan：日本

_____

(2) <u>Tom</u> is tall.　(Tom and Mike) tall：背の高い

_____


英語で書きましょう。

(1) 私たちは 13 歳です。　13 歳：thirteen

_____

(2) 彼らは日本人です。　日本人：Japanese

_____

# まとめのテスト

| 勉強した日 | 得点 |
|---|---|
| 月　　　日 | ／100点 |

➡答えは別冊 p.3

**1** 次の文の◻️に, am, are, is のうち適する語を書きなさい。　　2点×6(12点)

(1) I ＿＿＿＿＿ Suzuki Eito.

(2) You ＿＿＿＿＿ tall. tall：背が高い

(3) This ＿＿＿＿＿ a racket. racket：ラケット

(4) Tom ＿＿＿＿＿ a soccer player. soccer player：サッカー選手

(5) Those ＿＿＿＿＿ Japanese dolls. Japanese doll：日本人形

(6) Mary and Nancy ＿＿＿＿＿ from America. from America：アメリカ出身

**2** 次の日本文にあうように, ◻️に適する語を書きなさい。　　4点×6(24点)

(1) あなたはマリです。　＿＿＿＿＿ ＿＿＿＿＿ Mari.

(2) これはアルバムです。　＿＿＿＿＿ ＿＿＿＿＿ an album. album：アルバム

(3) 彼は岡田先生です。　＿＿＿＿＿ ＿＿＿＿＿ Mr. Okada. Mr.：〜先生

(4) 私は日本出身です。　＿＿＿＿＿ from Japan. Japan：日本

(5) あなたは医者です。　＿＿＿＿＿ a doctor. doctor：医者

(6) あれは鳥です。　＿＿＿＿＿ a bird. bird：鳥

こまった
ときの
ヒント

**1** 主語(〜は)によって be 動詞は何を使うかが決まる。
(1)は I, (2)は You, (3)は This, (4)は Tom, (5)は those, (6)は Mary and Nancy が主語。
(5)と(6)は主語が複数を表す語句であることに注意する。

**2** 英語の文には必ず動詞が必要。主語と動詞の組み合わせを考える。
(4)〜(6)は空所が1つしかないので, 短縮形を使う。

## 3 次の文を(　)内の指示にしたがって書きかえなさい。

(1) I am a baseball fan.（下線部を You(あなた)にかえて）baseball fan：野球ファン

_____

(2) Bob is kind.（下線部を Bob and Ken にかえて）kind：親切な

_____

(3) You and I are in Tokyo.（下線部を表す1語にかえて）in Tokyo：東京に

_____

(4) They are fourteen.（下線部を She にかえ，2語の文に）fourteen：14歳

_____

 次の日本文を(　)内の語数で英語にしなさい。

(1) 私はクミ(Kumi)です。(2語)

_____

(2) あなたはカナダ出身です。(3語) カナダ：Canada

_____

(3) 彼は私の父です。(4語) 私の父：my father

_____

(4) 彼らは大阪にいます。(3語) 大阪に：in Osaka

_____

3 (1)主語が you のときの be 動詞は何か考える。
　(2)「ボブとケン」が主語になる。主語が複数を表すもののときの be 動詞を考える。
　(3)「あなたと私」は「私たち」と考える。(4)主語を she にし，短縮形を使う。
　(1)(2)(4)短縮形を使う。(3)「彼は」が主語。短縮形を使うと4語にならないことに注意。
　(4)主語は「彼らは」で複数を表す。「～にいる」は〈be 動詞＋ in ～〉で表す。

# 7 「～ではありません」の文

be 動詞の否定文　09

> これまで, am, are, is を使って「…は～です」と表す文を学習してきたね。
> 次は,「～ではありません」と打ち消す文をみてみよう。

「～ではありません」と, 打ち消す文を**否定文**（ひていぶん）といいます。

be 動詞の否定文は, **be 動詞のあとに「～でない」という意味の not を置きます。**

| ふつうの文 | I am Ken. |
| 私はケンです。 |
| 否定文 | I am not Ken. |
| be動詞　私はケンではありません。 |
| ふつうの文 | She is busy. |
| 彼女は忙しいです。 |
| 否定文 | She is not busy. |
| be動詞　彼女は忙しくありません。 |

上の２つの文は, 短縮形を使って表すこともできます。

I am の短縮形は **I'm**, she is の短縮形は **she's** でしたね（14 ページ, 16 ページ参照）。

I am not Ken.　　→ I'm not Ken.

She is not busy.　→ She's not busy.

〈be 動詞＋ not〉の形を短縮して表すこともできます。

is not の短縮形は **isn't**, are not の短縮形は **aren't** です。上の例文は, She **isn't** busy. と表すこともできるということですね。ただし, am not の短縮形はありません。

She is not busy.
= She's not busy.
= She isn't busy.
　彼女は忙しくありません。

> is not → isn't
> are not → aren't
> "am not" はないよ！

22

**これだけチェック！** ●「〜ではない」という be 動詞の否定文は，be 動詞のあとに not を置く！

➡答えは別冊 p.3

**1** □□□ に適する語を書きましょう。

(1) 私は高校生ではありません。 high school student：高校生

I am □□□□ a high school student.

(2) 彼は私の父ではありません。 father：父

He is □□□□ my father.

(3) 私たちは野球選手ではありません。 baseball player：野球選手

We □□□□ □□□□ baseball players.

(4) これはテーブルではありません。 短縮形を使う。table：テーブル

This □□□□ a table.

(5) 私はサッカーファンではありません。 soccer fan：サッカーファン

□□□□ □□□□ a soccer fan.

(6) 彼女は先生ではありません。 teacher：先生

She □□□□ a teacher.

(7) 彼らは兄弟ではありません。 brothers：兄弟

They □□□□ brothers.

**2** 〔 〕内の語を並べかえて，英文を作りましょう。

(1) 私は忙しくありません。 busy：忙しい

〔 busy / am / I / not 〕.

_____

(2) あれは私の自転車ではありません。 that's は that is の短縮形　bike：自転車

〔 bike / not / that's / my 〕.

_____

(3) 彼らは北海道出身ではありません。 aren't は are not の短縮形　from：〜出身の

〔 from / they / Hokkaido / aren't 〕.

_____

# ⑧「〜ですか」の文

be動詞の疑問文　 10

次は,「〜ですか」とたずねる文(疑問文)を学習しましょう。

「〜ですか」とたずねるときは, be動詞を主語の前に置きます。つまり, 主語とbe動詞を入れかえます。
たとえば, You are 〜.(あなたは〜です)の疑問文は, Are you 〜?(あなたは〜ですか)となります。

isの文も同じように, isを主語の前に置くと疑問文になります。

 疑問文は, 最後を上げ調子(↗)に読みます。
Are you a student?(↗)　(あなたは生徒ですか)
上げ調子で読むと, たずねている感じが出ますね。

24

これだけ
チェック!

●「～ですか」という be 動詞の疑問文は、
be 動詞を主語の前に置く！

➡答えは別冊 p.3

**1** 疑問文に書きかえましょう。

(1) You are Mr. Brown. （あなたはブラウン先生です）

　　[　　　　　] you Mr. Brown?

(2) She is a new student. （彼女は新入生です）new student：新入生

　　[　　　　　] she a new student?

(3) They are busy. （彼らは忙しいです）busy：忙しい

　　[　　　　　][　　　　　] busy?

(4) That is a school. （あれは学校です）school：学校

　　[　　　　　][　　　　　] a school?


**2** [　　] に適する語を書きましょう。

(1) あなたは医者ですか。　doctor：医者

　　[　　　　　][　　　　　] a doctor?

(2) 彼はあなたの弟ですか。　your：あなたの　brother：兄，弟，兄弟

　　[　　　　　][　　　　　] your brother?

(3) これらはあなたのえんぴつですか。　pencil：えんぴつ

　　[　　　　　][　　　　　] your pencils?


英語で書きましょう。

(1) あなたは先生ですか。　先生：a teacher

　　_____

(2) これはあなたの本ですか。　あなたの本：your book

　　_____

(3) 彼らはアメリカ出身ですか。　アメリカ：America　～の出身：from ～

　　_____

# ⑨ 「～ですか」の文への答え方

### be 動詞の疑問文への答え方　♪ 11

　「～ですか」と聞かれたら，まず **Yes**（はい）か **No**（いいえ）で答えます。そして，そのあとに〈**主語＋be動詞**〉の形を続けます。

　たとえば，**Are you ～?**（あなたは～ですか）に対する答え方は，**Yes, I am.**（はい，（私は）そうです）または **No, I am not.**（いいえ，（私は）ちがいます）です。

　この場合，主語が you から I に変わることに気をつけましょう。

| | |
|---|---|
| 疑問文 | Are you Tom?　あなたはトムですか。 |
| | youがIに変わる |
| 答え方 | Yes, I am.　　はい，（私は）そうです。 |
| | No, I am not.　いいえ，（私は）ちがいます。 |

Yes や No のあとにはコンマ（,）をつけるよ

　**Is ～?** で聞かれたときは，3通りの答え方があります。主語が**男性**なら **he**（彼），**女性**なら **she**（彼女），**物や動物**なら **it**（それ）を使って答えます。

| 疑問文 | 答え方 |
|---|---|
| Is Ken busy?　ケンは忙しいですか。 | Yes, he is.　はい，（彼は）忙しいです。<br>No, he is not.　いいえ，（彼は）忙しくありません。 |
| Is Jane busy?　ジェーンは忙しいですか。 | Yes, she is.<br>No, she is not. |
| Is that a dog?　あれは犬ですか。 | Yes, it is.<br>No, it is not. |

ワン！
イヌ？

　下の文のように主語が複数を表すときの疑問文に対しては，**they**（彼ら，彼女ら，それら）や **are** を使って答えます。

Are Ken and Tom busy?　Yes, they are.　はい，（彼らは）忙しいです。
ケンとトムは忙しいですか。　　No, they are not.
　　　　　　　　　　　　　　　　　　　いいえ，（彼らは）忙しくありません。

これだけ チェック！　●be動詞の疑問文に対しては，be動詞を使って答える！

➡答えは別冊p.4

1　疑問文に対する正しい答えを下から選んで，書きましょう。

(1)　Are you Takeshi?　（あなたはタケシですか）

　　—

(2)　Is Ken a baseball fan?　（ケンは野球ファンですか）baseball fan：野球ファン

　　—

(3)　Is Ms. White from Canada?　（ホワイト先生はカナダ出身ですか）

　　—

　　　Ms.：（女性に対して）〜さん，先生　Canada：カナダ

(4)　Are Bob and Emi friends?　（ボブとエミは友だちですか）friend：友だち

　　—

| No, she isn't.　　Yes, he is.　　No, I'm not.　　Yes, they are. |

2　疑問文にYesとNoで答える文を書きましょう。

例　Is Tom a student?　（トムは生徒ですか）

　—　Yes, he is.　　　　　　　　/　No, he isn't.

(1)　Are you busy?　（あなたは忙しいですか）busy：忙しい

　　—　　　　　　　　　　　　/

(2)　Is this your pencil?　（これはあなたのえんぴつですか）pencil：えんぴつ

　　—　　　　　　　　　　　　/

(3)　Is Yuka from Tokyo?　（ユカは東京出身ですか）

　　—　　　　　　　　　　　　/

27

# 10 「～は何ですか」の文と答え方

## What is ～? の疑問文と答え方

> 次に,「これは何ですか」のように, Yes や No では答えられない疑問文を学習しよう。答え方にも注意しようね。

「これは何ですか」は **What is this?**,「あれは何ですか」は **What is that?** と言います。what は「何」という意味です。文の先頭で使います。

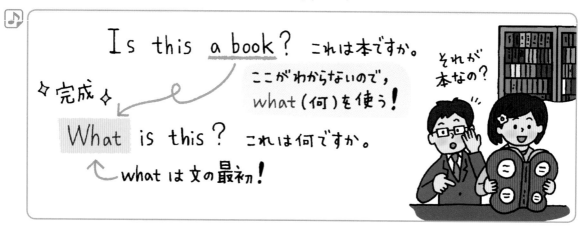

What で始まる疑問文は, **最後を下げ調子（ ↘ ）に言います**。

「何？」と聞かれたら, 何なのかを具体的に答えますね。つまり, Yes や No を使わずに, **It is ～.**（それは～です）で答えます。主語は it を使うことにも注意しましょう。

> what is の短縮形 what's や it is の短縮形 it's もよく使われます。
> What's this? — It's a pencil.　（これは何ですか。— それはえんぴつです）

What is that?　　あれは何ですか。
○ It is a school.　それは学校です。
× That is a school.

What is that?（あれは何ですか）に答えるときも, It is ～. を使います。
That is ～. としないように気をつけましょう。

これだけ チェック！ ●「〜は何ですか」とたずねるときは，What 〜? を使う。答え方は It is 〜.。

➡答えは別冊 p.4

1 ☐に適する語を書きましょう。

(1) これは何ですか。― それはボールです。 ball：ボール

☐ is this? ― ☐ is a ball.

(2) あれは何ですか。― それは鳥です。 bird：鳥

☐ ☐ that? ― ☐ ☐ a bird.

(3) これは何ですか。― それは本です。 短縮形を使う。

☐ this? ― ☐ a book.

(4) あれは何ですか。― それは私の家です。 house：家

☐ that? ― ☐ my house.

2 〔 〕内の語句を並べかえて，英文を作りましょう。

(1) これは何ですか。― それはりんごです。

〔 is / this / what 〕? ― 〔 is / it / an apple 〕.

_____ ― _____

(2) あれは何ですか。― それは犬です。

〔 that / is / what 〕? ― 〔 a dog / it / is 〕.

_____ ― _____

( )内の語数の英語で書きましょう。

(1) これは何ですか。（3語）― それはたまごです。（4語）たまご：an egg

_____ ― _____

(2) あれは何ですか。（3語）― それは絵です。（4語）絵：a picture

_____ ― _____

(3) あれは何ですか。（2語）― それは私の自転車です。（3語）私の自転車：my bike

_____ ― _____

短縮形を使う。　　　　　　　　　　　　　　短縮形を使う。

# まとめのテスト

| 勉強した日 | 得点 |
|---|---|
| 月　　日 | ／100点 |

➡答えは別冊 p.4

## 1 次の文が否定文になるように，□□に適する語を書きなさい。 4点×4(16点)

(1) I am Ken.　　　　　I _____ _____ Ken.

(2) You are busy.　　　You _____ _____ busy. busy：忙しい

(3) This is a notebook.　This _____ a notebook. notebook：ノート

(4) They are sisters.　　They _____ sisters. sister：姉，妹，姉妹

## 2 次の文が疑問文になるように，□□に適する語を書きなさい。 4点×4(16点)

(1) You are a teacher.　_____ _____ a teacher? teacher：先生

(2) He is young.　　　　_____ _____ young? young：若い

(3) That's a bus.　　　　_____ _____ a bus? bus：バス

(4) These are pencils.　_____ _____ pencils? pencil：えんぴつ

## 3 次の疑問文の答えになるように，□□に適する語を書きなさい。 4点×3(12点)

(1) Is this your cup? — Yes, _____ _____ ． cup：カップ

(2) Are you a soccer player? — No, _____ _____ ．
soccer player：サッカー選手

(3) What's that? — _____ a clock. clock：時計

こまった
ときの
ヒント

**1** be 動詞の否定文は，be 動詞のあとに not を置く。(3)(4)短縮形を使う。
**2** be 動詞の疑問文は，be 動詞を主語の前に置く。(3) that's は that is の短縮形。
**3** (1) this が主語。答えの文では「それは」を使う。
　(2)「あなたは」で聞かれたら，「私は」で答える。
　(3) Yes や No では答えない。主語に注意する。

**4** 次の文を（　）内の指示にしたがって書きかえなさい。　　　6点×4(24点)

(1) I am a baseball player. （5語の否定文に） baseball player：野球選手

_____

(2) You are from China. （疑問文に） China：中国

_____

(3) Tom and Mike are brothers. （5語の否定文に） brother：兄，弟，兄弟

_____

(4) This is a <u>koala</u>. （下線部をたずねる3語の疑問文に） koala：コアラ

_____

 次の日本文を英語にしなさい。　　　8点×4(32点)

(1) 彼は生徒ではありません。（短縮形を使わずに） 生徒：a student

_____

(2) あれはあなたの自転車ですか。 — はい，そうです。　あなたの自転車：your bike

_____

(3) 私たちは大阪にいません。（短縮形を使って） 大阪に：in Osaka

_____

(4) あれは何ですか。 — かばんです。（問いのみに短縮形を使って） かばん：a bag

_____

**4** (1)(3)指定の語数から短縮形を使う。(2)「あなたは中国の出身ですか」という文にする。
　(4)「これは何ですか」という文にする。疑問文ではクエスチョンマークを最後につけるのを忘れずに。
✎ (1)「(1人の)生徒」なので student に a をつける。
　(2)「あれは」は答えるときは「それは」で受ける。
　(3)「いる」は be 動詞を使う。(4)答えの文では，「あれは」を「それは」に言いかえる。

#  リスニング問題にチャレンジ

➡答えは 別冊 p.4

**1** 英文を聞き，その内容にあう絵をア～カから１つ選び，記号を書きなさい。 ♪ 13

(1) (　　　)　　(2) (　　　)　　(3) (　　　)　　(4) (　　　)

ア

イ

ウ

エ

オ

カ

**2** 対話を聞き，その内容にあう絵をア～ウから１つ選び，記号を書きなさい。 ♪ 14

(1) (　　　)

ア

イ

ウ

(2) (　　　)

ア

イ

ウ

# 一般動詞の文

「私はサッカーをします」のように,「…は~します」を表すときは,「一般動詞」というものを使います。

前回学んだ be 動詞のように,主語によって形が変わることがありますよ。

否定文や疑問文など,使い方をしっかり学習していきましょう。

I play ~. 「私は~をします」

私はピアノをひきます。

He[She] plays ~. 「彼[彼女]は~をします」

彼はギターをひきます。

# 11 「〜します」の文

I[You] play 〜. ♪ 15

> ここからは，like（〜を好む）や play（〈スポーツを〉する）など，be 動詞(am, are, is)以外の動詞について学習しようね。

　like（〜を好む）や play（〈スポーツを〉する）などの，be 動詞(am, are, is)以外の動詞を一般動詞といいます。一般動詞には次のようなものがあります。

| | | |
|---|---|---|
| speak （話す） | use （使う） | make （作る） |
| have （持っている） | know （知っている） | study （勉強する） |
| read （読む） | eat （食べる） | want （ほしい） |

　一般動詞も，be 動詞と同じように，主語（〜は，〜が）のすぐあとに置きます。「テニスをする」「本を読む」のように「〜を」をつけたいときは，動詞のすぐあとにつけます。つまり，「だれが」→「どうする」→「何を」の順ですね。

♪

I Swim. 　　私は泳ぎます。
私は　泳ぐ

You Sing. 　　あなたは歌います。
あなたは　歌う

I play tennis. 　　私はテニスをします。
私は　する　テニス（を）

You like music. 　　あなたは音楽が好きです。
あなたは　好む　音楽（を）

> 英語はいつでも
> 主語 → 動詞
> （〜が） （〜する）
> の順だね！

　日本語では，「私はサッカーが好きです」のように，「だれが」→「何を」→「どうする」の順で文を作りますね。英語と日本語では語順が異なるので，注意しましょう。

**英語と日本語のちがい**

| 私は | サッカーが | 好きです 。 |
|---|---|---|
| I | like | soccer . |

語順が 逆だよ！
チューイ！

# 練習問題

これだけ チェック！ ●「私[あなた]は〜します」は，〈I[You] ＋一般動詞〜.〉で表す。「何を」の語順に注意！

➡答えは別冊 p.5

**1** ☐ に適する語を下から選んで書きましょう。

(1) I ☐ tennis. （私はテニスをします）

(2) You ☐ music. （あなたは音楽が好きです）

(3) You ☐ Japanese. （あなたは日本語を話します）

(4) I ☐ Nancy. （私はナンシーを知っています）

(5) You ☐ a book. （あなたは本を読みます）

| read play know like speak |

**2** 〔 〕内の語句を並べかえて，英文を作りましょう。

(1) 私はコンピューターを使います。 〔 use / I / a computer 〕.

_____
use：使う computer：コンピューター

(2) あなたは犬を飼っています。 〔 you / a dog / have 〕. have：飼っている

_____

(3) 私は水がほしい。 〔 water / want / I 〕. water：水 want：ほしい

_____

英語で書きましょう。

(1) 私はサッカーが好きです。 サッカー：soccer 好きである：like

_____

(2) あなたは毎日英語を勉強します。 英語：English 勉強する：study

_____ every day.

(3) 私は朝食を作ります。 朝食：breakfast 作る：make

_____

# 12 「～しません」の文

I[You] don't play ～.  16

次に，「～しません」という一般動詞の否定文をみてみましょう。

I am a student.（私は生徒です）→ I am <u>not</u> a student.（私は生徒ではありません）
のように，be 動詞(am, are, is)の文では，be 動詞のあとに not を置いて否定文を作り
ましたね(22 ページ参照)。

一般動詞の文は，動詞の前に do not を置いて否定文を作ります。

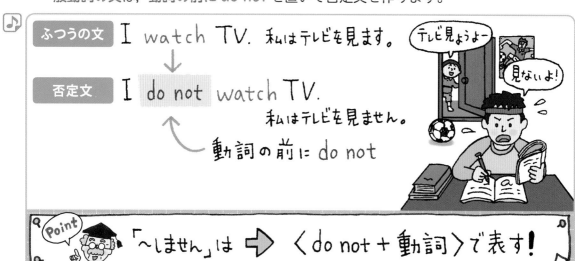

do not のかわりに短縮形 don't を使うこともできます。

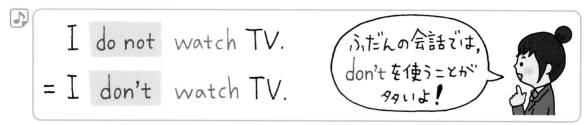

主語が you の場合や，we(私たち)や they(彼ら，彼女ら，それら)の場合も，同じよう
に do not(= don't)を使います。

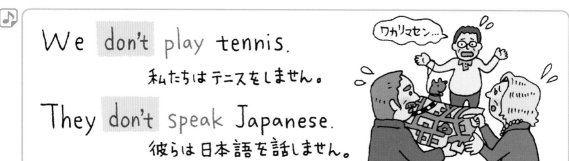

# 練習問題

これだけチェック！ ●「～しません」という一般動詞の否定文は，動詞の前に do not [don't] を置く！

➡答えは別冊 p.5

**1** 否定文に書きかえましょう。

(1) I eat *natto*. （私は納豆を食べます） eat：食べる

I ☐ ☐ eat *natto*.

(2) You play baseball. （あなたは野球をします） play：(スポーツを)する

You ☐ ☐ play baseball.

(3) We want a bike. （私たちは自転車がほしいです） want：ほしい

We ☐ want a bike.

(4) They speak English. （彼らは英語を話します） speak：話す

They ☐ ☐ English.

**2** 〔 〕内の語句を並べかえて，英文を作りましょう。

(1) 私たちは中国語を勉強しません。 study：勉強する　Chinese：中国語

We 〔 study / not / do / Chinese 〕.

We _____ .

(2) 私はあなたのお母さんを知りません。 mother：お母さん　know：知っている

I 〔 your mother / know / don't 〕.

I _____ .

(3) 彼らは日本食が好きではありません。 Japanese food：日本食　like：好きである

They 〔 Japanese food / don't / like 〕.

They _____ .

英語で書きましょう。

(1) 私はテニスをしません。 テニス：tennis　(スポーツを)する：play

_____

(2) あなたはペンを使いません。 ペン：a pen　使う：use

# 13 「あなたは〜しますか」の文

Do you play 〜?  17

今回は,「〜しますか」という一般動詞の疑問文の形と, その答え方を学びましょう。

be 動詞(am, are, is)の疑問文は,
You are a student. (あなたは生徒です) → Are you a student? (あなたは生徒ですか)のように, be 動詞を主語の前に置きましたね(24 ページ参照)。

like や play など一般動詞の疑問文は, 主語の前に Do を置きます。

| ふつうの文 | You play soccer.　あなたはサッカーをします。 |
| --- | --- |
| | Do をおくだけ　　　　←忘れずに |
| 疑問文 | Do you play soccer?　あなたはサッカーをしますか。 |

疑問文は, 主語の前に Do をおく。

きみはサッカーするの？
うん、するよ

Point 「〜しますか」は ➡ ⟨Do + 主語 + 動詞〜？⟩の形！

答えるときも do を使います。Do you 〜? と聞かれたら, Yes, I do. または No, I don't. と答えます。

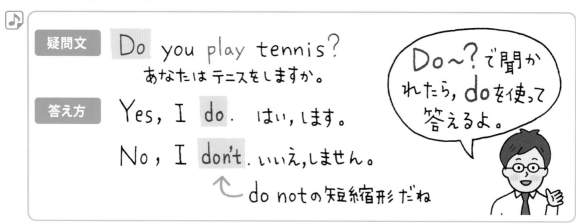

| 疑問文 | Do you play tennis?　あなたはテニスをしますか。 |
| --- | --- |
| 答え方 | Yes, I do.　はい, します。 |
| | No, I don't.　いいえ, しません。 |
| | ↑ do not の短縮形だね |

Do〜? で聞かれたら, do を使って答えるよ。

# 練習問題

→答えは別冊 p.5

**これだけチェック！** ●「～しますか」という一般動詞の疑問文は，主語の前に Do を置く！

**①** 疑問文に書きかえましょう。

(1) You like *sushi*. （あなたはすしが好きです） like：好きである

[          ] you like *sushi*?

(2) You have a camera. （あなたはカメラを持っています）

[          ] you [          ] a camera? have：持っている　camera：カメラ

(3) They speak English. （彼らは英語を話します） speak：話す

[          ] they [          ] English?

(4) You know Bob. （あなたはボブを知っています） know：知っている

[          ] [          ] [          ] Bob?

**②** 疑問文に Yes と No で答える文を書きましょう。

例 Do you play soccer? （あなたはサッカーをしますか） play：(スポーツを)する

— Yes, I do. / No, I don't.

(1) Do you watch TV? （あなたはテレビを見ますか）

— _____ / _____

watch TV：テレビを見る

(2) Do Emi and Aya like music? （エミとアヤは音楽が好きですか）

— _____ / _____

music：音楽

✏ABC 英語で書きましょう。

(1) あなたはこのかばんを使いますか。— はい，使います。

_____ — _____

このかばん：this bag　使う：use

(2) 彼らはお米を食べますか。— いいえ，食べません。

_____ — _____

お米：rice　食べる：eat

# 14 a, an, the の使い方

a, an と the  18

> ここでは，名詞の前につける a, an, the の使い方をみていこう。
> それぞれどのような場合につけるのかな。

　pen（ペン），soccer（サッカー），Japan（日本），Ken（ケン）など，物や国や人の名前を表すことばを**名詞**といいます。名詞には，pen のように「1つ，2つ，…」と数えられるものと，soccer，Japan のように**数えられない**ものがあります。

　英語では，数えられる**名詞が1つのとき**，pen（ペン）→ a pen（1本のペン）のように，名詞の前に **a** をつけて，「1つの，1人の」という意味を表します。

　しかし，apple（りんご），egg（たまご）のように，「ア，イ，ウ，エ，オに似た音（**母音**といいます）」で始まる名詞の前には，a ではなく **an** をつけます。

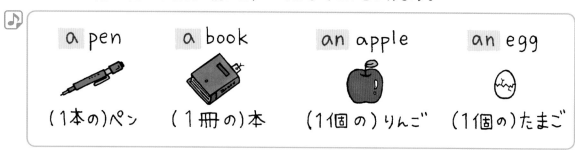

| a pen | a book | an apple | an egg |
|---|---|---|---|
| （1本の）ペン | （1冊の）本 | （1個の）りんご | （1個の）たまご |

　**the** は「その」という意味で，①1度話題に出た名詞を**2度目に使うとき**や，②話している人の間で何を指すかがわかっているとき，③ the sun（太陽）のように**1つしかないもの**，などの前につけます。

> I have a pen.
> ペン持ってるよ。
> どんなペンかな…
> This is the pen.
> これがそのペンだよ。
> おーこれが
> おたがいに何を指すかわかっているときは **the** になる！
> チューイ！

　🐟 **これもタイセツ**　「（楽器を）演奏する」というときは，楽器の前に the をつけます。
　play the piano（ピアノをひく），play the flute（フルートを吹く）
　I play the guitar.（私はギターをひきます）

　人名や教科名，スポーツ名，食事名などには a, an, the はつけません。
　また，「1つの」とか「その」ととくに言う必要がない場合は，日本語に訳しません。

# 練習問題

これだけチェック！ ● 名詞が1つのときには a[an]をつける！
● 2度目に使う名詞には the をつける！

➡答えは別冊 p.5

**1** ◯◯ に，a, an のうち適する語を書きましょう。

(1) ☐ cat （ネコ）　　　(2) ☐ animal （動物）

(3) ☐ desk （机）　　　(4) ☐ apple （りんご）

(5) ☐ bag （かばん）　　(6) ☐ orange （オレンジ）

**2** ◯◯ に a, an, the のうち適する語を書きましょう。何も入れる必要がない場合は，×を書きましょう。

(1) 私はケンです。私は生徒です。　student：生徒

I am Ken.  I am ☐ student.

(2) 私はピアノをひきます。　play：ひく　piano：ピアノ

I play ☐ piano.

(3) マイクはアメリカ出身です。　from：〜出身の　America：アメリカ

Mike is from ☐ America.

(4) こちらは山田先生です。彼女は英語の先生です。　Ms.：(女性に対して)〜さん, 先生

This is Ms. Yamada.  She is ☐ English teacher.

(5) 私たちはサッカーが好きです。　like：好きである　soccer：サッカー

We like ☐ soccer.

(6) 私は写真を持っています。これがその写真です。　have：持っている　picture：写真

I have ☐ picture.  This is ☐ picture.

**3** 〔 〕内の語を並べかえて，英文を作りましょう。

(1) 私はりんごとバナナを食べます。　and：〜と…　eat：食べる

〔 a / an / and / eat / I / apple 〕 banana.

_____ banana.

(2) 私は牛乳とたまごがほしい。　milk：牛乳　egg：たまご　want：ほしい

〔 and / want / an / milk / I 〕 egg.

_____ egg.

# まとめのテスト

| 勉強した日 | 得点 |
|---|---|
| 月　日 | ／100点 |

➡答えは別冊 p.5

**1** □に，a，an のうち適する語を書きなさい。どちらも入らない場合は×を書きなさい。　　　　3点×3(9点)

(1) □ pen　　(2) □ China 中国　　(3) □ album アルバム

**2** 次の日本文にあうように，□に適する語を書きなさい。　　5点×5(25点)

(1) 私は日曜日にテニスをします。

I □ tennis on Sundays. on Sundays：日曜日に

(2) 私は毎日オレンジを1つ食べます。

I □ □ orange every day. every day：毎日

(3) 私はコーヒーが好きではありません。

I □ □ coffee. coffee：コーヒー

(4) 彼らは日本語を話しますか。

□ they □ Japanese? Japanese：日本語

(5) 私はボールを持っています。これがそのボールです。

I □ a ball. This is □ ball.

**3** 次の疑問文の答えになるように，□に適する語を書きなさい。　　4点×3(12点)

(1) Do you watch TV? — Yes, I □ . watch TV：テレビを見る

(2) Do you like *natto*? — No, I □ □ .

(3) Do you want this book? — No, I □ . want：ほしい

こまったときのヒント

**1** 母音で始まる語には，an を使う。ただし，人名・国名・地名には a も an もつけない。

**2** (2)orange は「オ」に似た音で始まっている。(3)一般動詞の否定文は don't を使う。
(4)一般動詞の疑問文は Do を主語の前に置く。
(5)後半の ball は一度話題に出たもの。

**3** 一般動詞の疑問文に対する答えは，Yes, 〜 do. / No, 〜 do not[don't]. の形にする。

# 4 〔 〕内の語を並べかえて，英文を書きなさい。

6点×4(24点)

(1) 私は夕食後，その本を読みます。　after dinner：夕食後

〔 book / I / the / read 〕 after dinner.

_____ after dinner.

(2) あなたは手にりんごを持っています。　in your hand：あなたの手に　apple：りんご

〔 have / apple / an / you 〕 in your hand.

_____ in your hand.

(3) 私たちはその医師を知りません。　doctor：医師　know：知っている

〔 doctor / don't / we / know / the 〕.

_____

(4) あなたはコンピューターを使いますか。　computer：コンピューター　use：使う

〔 you / computer / do / a / use 〕?

_____


# 次の日本文を英語にしなさい。

10点×3(30点)

(1) あなたはピアノをひきます。　ピアノ：piano

_____

(2) 彼らは英語を勉強しません。　英語：English

_____

(3) あなたはサッカーが好きですか。― はい，好きです。　サッカー：soccer

_____

4 「だれが」→「どうする」→「何を」の語順になるようにする。
　(3)一般動詞の否定文は，〈主語＋don't＋動詞 ～.〉の形。
　(4)一般動詞の疑問文は，〈Do＋主語＋動詞 ～?〉の形。
🖉 (1)「(楽器を)ひく」は，〈play＋the＋楽器名〉で表す。
　(2)「彼らは」は they。(3)クエスチョンマークとコンマをつけ忘れないように注意。

# 15 「彼[彼女]は〜します」の文

He[She] plays 〜. ♪ 19

> be 動詞は主語によって am, are, is を使い分けましたね。
> 一般動詞も主語によって形が変わることがあります。

「…は〜します」という文では, 一般動詞の play, like などを使いますね。

このとき, 主語が I(私)や you(あなた), 複数のとき, 動詞はそのままの形です。

| 主語が I | I play Soccer. 私はサッカーをします。 |
|---|---|
| | 私は する サッカー(を) |
| 主語が you | You play Soccer. |
| | あなたは |
| 主語が複数 | They play Soccer. |
| | 彼らは |

動詞の形はぜんぶ同じだね。

しかし, 主語が he(彼), she(彼女), Tom(トム)など, I と you 以外の 1 人のときは, 動詞の最後に s がつきます。

He plays Soccer.
　　　　　彼は サッカー をします。

She likes English.
　　　　　彼女は 英語が 好きです。

Tom speaks Japanese.
　　　　　トムは 日本語を 話します。

彼, サッカーするんだって♡

ふーん

自分(I)または自分たち (we) のことを 1 人称, 相手(you)のことを 2 人称, 自分と相手以外の人や物を 3 人称といいます。

一般動詞の文では, 主語が 3 人称で単数(1 人, 1 つ)のとき, 動詞の語尾に s をつけます。この形を 3 人称・単数・現在形といいます。

彼女はさぁ〜

彼女 3人称

うんうん

自分 1人称

相手 2人称

# 練習問題

→答えは別冊 p.6

**これだけチェック！** ●現在の文で，主語が3人称・単数のとき，一般動詞の語尾に s をつける！

**① ( )内の語を必要があれば適する形にかえて，□に書きましょう。**

(1) 彼は音楽が好きです。 (like) music：音楽
He □ music.

(2) 彼女は本を読みます。 (read)
She □ a book.

(3) あなたはじょうずに英語を話します。 (speak) well：じょうずに
You □ English well.

(4) 私たちは日曜日にサッカーをします。 (play) on Sundays：日曜日に
We □ soccer on Sundays.

(5) 私の母は夕食後公園を走ります。 (run) in the park：公園で after dinner：夕食後
My mother □ in the park after dinner.

(6) ケンとタクは歩いて学校へ行きます。 (walk) walk to ~：~へ歩いて行く
Ken and Taku □ to school.

**② 下線部を( )内の語句にかえて書きかえましょう。**

(1) I live in London. (He) live：住む in London：ロンドンに

(2) They use the computer. (She) use：使う computer：コンピューター

(3) You want a new bike. (My brother) want：ほしい new：新しい bike：自転車

英語で書きましょう。
トム(Tom)は毎朝，朝食を作ります。 朝食：breakfast 作る：make

_____ every morning.

**45**

# 16 注意すべき３人称・単数・現在形

(e)s のつけ方に気をつける動詞  20

ここでは，「３人称・単数・現在形」の作り方をくわしくみてみましょう。

　主語が**３人称・単数**のときは，一般動詞の最後に **s** をつけましたね。

　このルールにも，いくつか例外があります。数はそれほど多くないので，そのまま覚えてしまいましょう。次の３つのパターンがあります。

　watch（見る）, teach（教える）, wash（洗う）, go（行く）などは，最後に **es** をつけます。

watch（見る） → watches
teach（教える） → teaches
wash（洗う） → washes
go（行く） → goes

最後が ch, sh, o で終わる動詞は **es** をつける。チューイ!

Ken watches TV every day. 　ケンは毎日テレビを見ます。

主語が３人称・単数なので es

study（勉強する）は，最後の **y** を **i** にかえて **es** をつけます。

Study（勉強する） → Studies
Nancy Studies Japanese. 　ナンシーは日本語を勉強します。

y を i にかえて es

コンニチハ

have（持っている）は **has** になります。

have（持っている） → has
She has a car. 　彼女は車を持っています。

have は has になる

have は不規則に変化するよ。

カッコイイ

わぁ

# 練習問題

➡答えは別冊 p.6

これだけチェック！

● watch → watches, study → studies, have → has などの (e)s のつけ方に注意！

**1** （ ）内の語を適する形にかえて，◻に書きましょう。

(1) 彼は彼の自動車を洗います。 （**wash**） his：彼の　car：自動車

He ◻◻◻◻◻ his car.

(2) グリーン先生は英語を教えます。 （**teach**） Ms.：（女性に対して）〜さん，先生

Ms. Green ◻◻◻◻◻ English.

(3) ヒロシは公園へ行きます。 （**go**） park：公園

Hiroshi ◻◻◻◻◻ to the park.

(4) エミは数学を勉強します。 （**study**） math：数学

Emi ◻◻◻◻◻ math.

(5) 私の兄はカメラを持っています。 （**have**） my：私の　brother：兄　camera：カメラ

My brother ◻◻◻◻◻ a camera.

**2** 下線の語を正しい形にかえて，英文を作りましょう。

(1) ボブは毎朝テレビを見ます。

〔 watch / Bob / TV 〕 every morning.

_____ every morning.

(2) 彼女は午後，図書館へ行きます。 library：図書館

〔 the library / she / to / go 〕 in the afternoon.

_____ in the afternoon.

✎ABC 英語で書きましょう。

(1) 彼女は犬を飼っています。 飼う：have

_____

(2) ホワイト先生（Ms. White）は英語を教えます。 英語：English　教える：teach

_____

# 17 「彼[彼女]は〜しません」の文

He[She] doesn't play 〜.  21

 ここからは,「3人称・単数・現在形」の否定文・疑問文の作り方を確認しよう。最初は否定文だよ。動詞の形に注意しよう。

「私は〜しません」は,動詞の前に don't を置き,I don't 〜. と表しますね(36 ページ参照)。

主語が he(彼)や she(彼女)など,3人称・単数のときは,「〜しません」は,do not のかわりに does not(短縮形は doesn't)を使います。

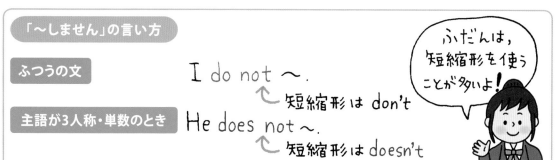

ここで気をつけることが1つあります。それは,does not のあとの動詞の形です。
does not のあとの動詞は,s がつかないもとの形にします。このもとの形を原形といいます。doesn't のあとは動詞の原形と覚えましょう。

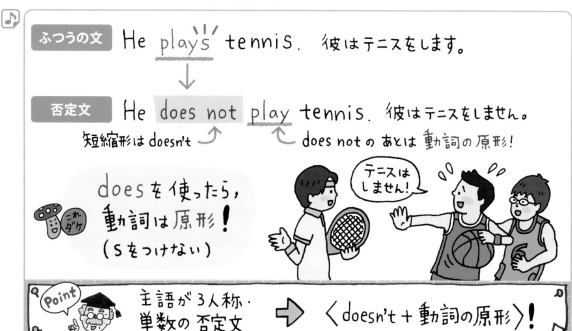

これだけ チェック！ ● 3人称・単数・現在形の否定文は, doesn't を使い, あとの動詞は原形！

➡答えは別冊 p.6

**1** □ に適する語を書きましょう。

(1) 彼はてんぷらを食べません。 eat：食べる

He □ □ eat tempura.

(2) 彼女はピアノをひきません。

She □ play the piano.

(3) ケンジはコーヒーが好きではありません。 coffee：コーヒー

Kenji □ □ coffee.

(4) 私の父はテレビを見ません。

My father □ □ TV.

**2** 〔 〕内の語句を並べかえて, 英文を作りましょう。

(1) サムは日本語を話しません。 Japanese：日本語

Sam 〔 speak / does / Japanese / not 〕.

Sam _____ .

(2) 彼女は私のおじを知りません。 my：私の uncle：おじ

She 〔 my uncle / know / doesn't 〕.

She _____ .

(3) ブラウン先生は自動車を持っていません。 car：自動車

Mr. Brown 〔 a car / doesn't / have 〕.

Mr. Brown _____ .

**3** 次の英文を否定文に書きかえましょう。

(1) He lives in Canada. (彼はカナダに住んでいます)

_____

(2) Mary has a sister. (メアリーには妹がいます)

_____

# 18 「彼［彼女］は〜しますか」の文

Does he[she] play 〜?  ♪ 22

次は，「3人称・単数・現在形」の疑問文をみてみましょう。

前回，否定文では，主語によって，do not と does not を使い分けました（48ページ参照）。
疑問文も同じように，Do と Does を使い分けます。主語が3人称・単数のときは，Do
ではなく Does を使います。

---

「〜しますか」の言い方

ふつうの文　　Do you 〜 ?
　　　　　　　↖ Do を使う

主語が3人称・単数のとき　　Does he 〜 ?
　　　　　　　↖ Does を使う

does を使うのは
否定文のときと
同じだね。

---

Does を使うときは，あとの動詞を原形にします。否定文のときと同じですね。
答えるときも does を使います。Yes, 〜 does. / No, 〜 does not.（短縮形は doesn't）
のように答えます。

---

♪

ふつうの文　　She likes soccer.　彼女はサッカーが好きです。

↓　　　　忘れずに

疑問文　　Does she like soccer ?　彼女はサッカーが好きですか。
　　　　　↖ Do の かわりに Does。動詞は 原形！

答え方　　Yes, she does.　　はい，好きです。
　　　　　No, she does not.　いいえ，好きでは
　　　　　doesn't でもよい ↗　ありません。

ガンバレー

答えるときも does を使う！

 Point　主語が3人称・
単数の 疑問文 ⇨ 〈Does + 主語 + 動詞の原形〜?〉！

---

# 練習問題

これだけ
チェック！ ●3人称・単数・現在形の一般動詞の疑問
文は, Does を使い, あとの動詞は原形！

➡答えは別冊 p.6

**1** 疑問文に書きかえましょう。

(1) He speaks Chinese. （彼は中国語を話します） Chinese：中国語

    [____] he speak Chinese?

(2) She watches TV. （彼女はテレビを見ます）

    [____] she watch TV?

(3) Tom plays basketball. （トムはバスケットボールをします）

    [____] Tom [____] basketball? basketball：バスケットボール

(4) Mr. Sato teaches math. （佐藤先生は数学を教えます） math：数学

    [____] Mr. Sato [____] math?

(5) Hiroshi has a dog. （ヒロシは犬を飼っています）

    [____] [____] [____] a dog?

**2** 疑問文に Yes と No で答える文を書きましょう。

例 Does Ken like summer? （ケンは夏が好きですか）

  —   Yes, he does.     /   No, he doesn't.

(1) Does Ms. Mori want a bag? （森先生はかばんをほしがっていますか）

  — _____ / _____
    Ms. Mori は女性

(2) Does your father drive a car? （あなたのお父さんは車を運転しますか）

  — _____ / _____
    drive：運転する

✏ABC 英語で書きましょう。

(1) 彼はその本を読みますか。— はい，読みます。 読む：read

  _____ — _____

(2) あなたのおばさんは音楽を聞きますか。— いいえ，聞きません。 ～を聞く：listen to ～

  _____ — _____

あなたのおばさん：your aunt

# 19 「…は何を〜しますか」の文と答え方

### What do[does] 〜? の疑問文と答え方  23

　最後に、「あなたは何を勉強しますか」のような「何を」をたずねる疑問文と、その答え方を学びましょう。

　まず、「あなたは英語を勉強しますか」という文から考えていきましょう。これはもうできますね。Do you study English? です。
　この English の部分がわからないときは、**what(何)** を使ってたずねます。文の最初にWhat を置き、「あなたは勉強しますか」にあたる do you study? を続けます。
　**What do you study?**（あなたは何を勉強しますか）　これで完成です。

> Do you study English?　あなたは英語を勉強しますか。
> ↓　ここをたずねたいから what にかえる
> Do you study what ?　whatは文の先頭!
> ◇完成◇
> What do you study ?　あなたは何を勉強しますか。

　答えるときは、Yes, No を使わずに、「何を勉強するか」を具体的に言いましょう。

♪
> | 疑問文 | What do you study ? |
> | 答え方 | I study English. 英語を勉強します。 |

　主語が3人称・単数の場合は、do のかわりに **does** を使います。

♪
> | 疑問文 | What does he want ?　彼は何がほしいのですか。 |
> | | 動詞の最後に S |
> | 答え方 | He wants a new desk.　彼は新しい机をほしがっています。 |

> 答えるときは、3単現のSを忘れないでね!!

 これも
タイセツ
「あなたは何をしますか」とたずねるときは、「する」という意味の動詞 do を使います。
　　What do you do on Sundays?（あなたは日曜日に何をしますか）
疑問文で使う do →　　└「する」という意味の動詞 do

# 練習問題

これだけチェック！

● 「…は何を～しますか」は〈What do [does]＋主語＋一般動詞 ～?〉で表す！

➡答えは別冊 p.6

**1** _____に適する語を書きましょう。

(1) あなたは何が好きですか。 — 私はサッカーが好きです。

_____ do you like? — I _____ soccer.

(2) エミは何を作りますか。 — 彼女はケーキを作ります。

_____ _____ Emi make? — She _____ cakes.

(3) あなたは夕食後に何をしますか。 — 私はテレビを見ます。 after dinner：夕食後

_____ do you _____ after dinner? — I _____ TV.

(4) 彼は何がほしいですか。 — 彼は自転車がほしいです。 want：ほしい bike：自転車

_____ _____ he want? — He _____ a bike.

(5) 彼らは何を勉強しますか。 — 英語を勉強します。

_____ _____ they study? — They _____ English.

**2** 〔 〕内の語を並べかえて，英文を作りましょう。

(1) リサは何を演奏しますか。 play：演奏する

〔 does / what / play / Lisa 〕?

_____

(2) あなたは朝食に何を食べますか。 have：食べる for breakfast：朝食に

〔 do / have / what / you 〕 for breakfast?

_____ for breakfast?

(3) 次郎は日曜日に何をしますか。 do：する on Sundays：日曜日に

〔 Jiro / does / do / what 〕 on Sundays?

_____ on Sundays?

✎ABC 英語で書きましょう。

彼は放課後，何をしますか。 — 彼は野球をします。 放課後：after school 野球：baseball

_____ after school? — _____

# まとめのテスト

| 勉強した日 | 得点 |
|---|---|
| 月　　日 | ／100点 |

➡答えは別冊 p.7

**1** 次の文の□□□に，（　）内から適する語を選んで書きなさい。　　　4点×7(28点)

(1) Takeshi □□□□ a computer. （ is / use / uses ） computer：コンピューター

(2) I □□□□ the guitar. （ am / play / plays ） guitar：ギター

(3) My sister □□□□ not like winter. （ do / does / is ） winter：冬

(4) You □□□□ wash the dishes. （ aren't / don't / doesn't ）
wash the dishes：皿を洗う

(5) □□□□ you teach math? （ Do / Does / Are ） teach：教える　math：数学

(6) □□□□ Aya walk to school? （ Do / Does / Is ） walk to ～：～へ歩いて行く

(7) Lisa and Mary □□□□ *natto*. （ are / eats / eat ） eat：食べる

**2** 次の疑問に対する答えの文を，（　）内の語を使って書きなさい。　　4点×3(12点)

(1) Does Ms. Green come from Canada? （Yes） come from ～：～出身です

――――――――――――――――――――

(2) Does your brother play baseball? （No） baseball：野球

――――――――――――――――――――

(3) Do they eat rice? （No） rice：米

――――――――――――――――――――

こまった
ときの
ヒント

**1** 一般動詞と be 動詞はいっしょに使えない。主語が３人称・単数であるかどうか考える。
　　(6)主語の Aya「アヤ」は３人称・単数。
　　(7) Lisa and Mary「リサとメアリー」が主語で複数形。
**2** (1) Ms. Green は女性で，(2) your brother は男性。それぞれ答えの文では「彼女は」，「彼は」を使う。
　　Yes や No のあとにコンマ(,)を忘れないように注意する。

# 3 次の文を（　）内の指示にしたがって書きかえなさい。

5点×4(20点)

(1)　<u>They</u> speak Chinese.　（下線部を He にかえた文に）Chinese：中国語

_____

(2)　<u>I</u> have a dog.　（下線部を Koji にかえた文に）

_____

(3)　My father cooks dinner.　（短縮形を使った否定文に）cook：料理する　dinner：夕食

_____

(4)　Yumi goes to the library.　（疑問文に）library：図書館

_____

 次の日本文を英語にしなさい。

8点×5(40点)

(1)　彼は毎日テレビを見ます。　毎日：every day　テレビ：TV

_____

(2)　私の母はトム(Tom)を知りません。　（短縮形を使って）知っている：know

_____

(3)　ケン(Ken)は朝，走りますか。　朝：in the morning　走る：run

_____

(4)　エミ(Emi)は何がほしいですか。 ― 彼女はカメラがほしいです。
　　　　　　　　　　　　　　　　　　　　　　　ほしい：want　カメラ：camera

_____

― _____

3 (1)(2)主語が3人称・単数になる。(2)は have の形に注意。
　(3)(4)一般動詞の否定文・疑問文では動詞を原形にする。
✎ 主語はすべて3人称・単数なので，動詞の形に注意する。
　(1)「毎日」は文の最後に置く。
　(4)「何が」は what を使う。カメラは数えられる名詞。

# リスニング問題にチャレンジ

➡答えは
別冊 p.7

**1** 対話を聞き，その内容にあう絵をア～ウから1つ選び，記号を書きなさい。 ♪ **24**

(1)

ア　　　　　　　　イ　　　　　　　　ウ　　　　　（　　　）

(2)

ア　　　　　　　　イ　　　　　　　　ウ　　　　　（　　　）

(3)

ア　　　　　　　　イ　　　　　　　　ウ　　　　　（　　　）

**2** ケンが級友のジョンを紹介しています。英文を聞き，その内容にあうように，空所に適することばを書きなさい。 ♪ **25**

| 名前 | ジョン | | |
|---|---|---|---|
| 出身地 | (1)(　　　　　　　　　　　　　) | | |
| 好きなこと | (2)(　　　　　　　　　　　　　)が好きで，毎日練習する | | |
| | (3)(　　　　　　　　　　　　　)が好き | | |
| | (4)(　　　　　　　　　　　　　)をひく | | |

# 名詞の複数形，形容詞・副詞，前置詞，There is[are] 〜．

**3**

　1つや1人を表わす名詞の前には a [an] をつけましたね。では，2つや2人以上のときはどうなるかな。

　ここではほかに，形容詞と副詞について学びます。また，at，in，on など「前置詞」の使い方も習いますよ。

　さらに，「…に〜があります」という文についても学習します。

---

| 名詞の複数形 | a boy → boys | 代名詞 | a boy → he | boys → they |

男の子＝彼　　　　　　　　　　男の子たち＝彼ら

| 形容詞 | beautiful flowers | 副詞 | study hard | 前置詞 | a cat under the table |

美しい花

熱心に勉強する

テーブルの下のネコ

名詞の複数形

名詞の単数形と複数形 ♪26

 ここからは，名詞について学習しよう。英語では，数えられるものが１つのときと２つ以上のときとでは，表し方がちがうよ。

pen(ペン)，bag(かばん)，desk(机)，car(自動車)など，物の名前を表すことばを名詞といいますね。

英語では，**名詞が２つ以上(複数)のとき，語尾にsをつけて複数形**にします。
たとえば，「１冊の本」はa book(またはone book)，「２冊の本」はtwo booksと表します。表し方が数によって異なりますね。

a book　two books

２つ以上のときは，aやanはいらないよ。

日本語では，「１冊の本」でも「２冊の本」でも，「本」の部分は同じですね。しかし，英語では，単数か複数かをはっきり区別します。複数形のsのつけ忘れが多いので，注意しましょう。

複数形の前では，**数を表す語**や，some(いくつかの)，many(たくさんの)，a lot of(たくさんの)などがよく使われます。

three students 3人の生徒
some dogs 何匹かの犬
many houses たくさんの家

なお，「水」「サッカー」「トム」「日本」のように，名詞の中には，１つ２つ(1人2人)…と**数えられないもの**もあります。これらは複数形にしないで，**つねに単数形**で使います。

数えられるグループ
かばん　リンゴ　ハンカチ　本　家　少年　木…

テニス1個，とは言わないね。

数えられないグループ
テニス　水　音楽　夏　健太(人の名前)…

**これだけ チェック!** ●数えられる名詞が2つ[2人]以上のときは，名詞の最後に s をつける。

➡答えは別冊 p.7

**①** （ ）内の語を必要があれば適する形にかえて， □ に書きましょう。

(1) 私には兄弟が2人います。　（brother） brother：兄, 弟

I have two ⬚ .

(2) 私は10本のえんぴつがほしいです。　（pencil） want：ほしい

I want ten ⬚ .

(3) ボブはりんごを持っています。　（apple）

Bob has an ⬚ .

(4) あなたはたくさんのぼうしを持っています。　（cap） many：たくさんの　cap：ぼうし

You have many ⬚ .

(5) 私は何枚かの写真を持っています。　（picture） some：いくつかの

I have some ⬚ .

(6) あなたたちはたくさんの鳥が見えます。　（bird） a lot of：たくさんの

You see a lot of ⬚ .

**②** 下線部を（ ）内の語にかえて書きましょう。

(1) Yumi has a bag.　（three） three：3つの

_____

(2) I use a pen.　（many） use：使う

_____

英語で書きましょう。

(1) 彼らは犬を3匹飼っています。　飼う：have

They _____ .

(2) 私はたくさんの本を持っています。（a lot of を使って）

I _____ .

# 21 注意すべき複数形・数のたずね方

(e)s のつけ方，How many 〜？

名詞の複数形はふつう，pen（ペン）→ pens のように，語尾に s をつけて作りますが，そうでないものもあります。作り方のルールがあるので，それを覚えましょう。

box（箱），bus（バス），class（授業），watch（腕時計）などは，es をつけて複数形にします。
※ s，x，ch，sh で終わる語は es をつけます。

```
box    （箱）  ──→  boxes
class  （授業） ──→  classes
watch  （腕時計）──→  watches
```

city（都市），country（国），baby（赤ちゃん）などは，最後の y を i にかえて es をつけます。
※〈子音字＋ y〉で終わる語は y を i にかえて es をつけます。

```
city（都市）→ cities        country（国）→ countries
```

man（男性）→ men のように，不規則に変化する名詞もあります。これらは数が少ないので，覚えてしまいましょう。

```
man （男性）  ──→ men
woman （女性） ──→ women
child （子ども）──→ children
```

childrenは
[チルドレン]と発音
するよ。

最後に，「いくつ？」「何人？」のように数をたずねる言い方を覚えましょう。
　数をたずねるときは，〈How many ＋名詞の複数形〜？〉を使います。「〜？」の部分は，do you have?（あなたは持っていますか）のように，疑問文を続けます。

How many watches do you have?
　　複数形　　　ふつうの疑問文
あなたは腕時計をいくつ持っていますか。
ー I have seven (watches).
　7つ持っています。

**これだけ
チェック！**

● es をつける複数形に注意！数は〈How many ＋名詞の複数形〜？〉でたずねる！

→答えは別冊 p.8

**1** 次の名詞の複数形を書きましょう。

(1) box （箱） ☐ (2) watch （腕時計） ☐

(3) city （都市） ☐ (4) class （授業） ☐

(5) country （国） ☐ (6) man （男性） ☐

(7) woman （女性） ☐ (8) child （子ども） ☐

**2** ☐ に適する語を書きましょう。

(1) あなたはネコを何匹飼っていますか。— ２匹飼っています。

☐ many cats do you have? — I have ☐ .

(2) あなたはペンを何本ほしいですか。— ４本ほしいです。 want：ほしい

☐ ☐ pens do you want? — I want ☐ .

(3) 彼は本を何冊持っていますか。— 10 冊持っています。

☐ ☐ ☐ does he have?

— He ☐ ☐ .

(4) 彼らはいくつ授業がありますか。— ５つです。

☐ ☐ ☐ do they have? 授業：class

— They ☐ ☐ .

英語で書きましょう。

(1) 私は箱を２つ持っています。 箱：box

_____

(2) あなたは腕時計をいくつ持っていますか。 いくつ〜：How many 〜？ 腕時計：watch

_____

— ８つです。

_____

# 22 形容詞の使い方

形容詞 /〈look ＋形容詞〉 ♪ 28

 ここからは，形容詞と副詞について学びます。まずは，「大きな犬」「背の高い少年」のように，名詞をくわしく説明する形容詞のはたらきをみていこう。

「背の高い少年」「大きな犬」のように，形容詞は人や物の様子，状態を説明します。

形容詞は，名詞のすぐ前に置いて使います。a, an, the は形容詞の前に置きます。

a tall boy
形容詞 名詞
背の高い少年

a new desk
形容詞 名詞
新しい机

日本語と同じように，形容詞を名詞のすぐ前に置くんだね。

 ミス注意 a, an, the は〈形容詞＋名詞〉の前に置きます。
○ a new desk（新しい机）　✕ new a desk
└ ココ！

形容詞は，be 動詞（am, are, is）のあとに置くと，「…は～です」のように，主語を説明することができます。

Ms. Tanaka is kind.
主語　　be動詞 形容詞
田中先生は親切です。

These cats are cute.
主語　　be動詞 形容詞
これらのねこたちはかわいいです。

また，形容詞は，動詞 look のあとに置いて，「～は…のように見える」という意味で使うこともあります。

You look happy. あなたは幸せそうに見えます。
　　↑　形容詞
主語が3人称・単数のときはlooks

これだけ
チェック！

●形容詞は，名詞の前や be 動詞のあとに置く！
●〈look ＋形容詞〉は「～のように見える」！

➡答えは別冊 p.8

1 下から適する語を選び， □ に書きましょう。

(1) 私は新しいコンピューターがほしいです。　computer：コンピューター

I want a [          ] computer.

(2) エミは小さな箱を持っています。　has は have の 3 人称・単数・現在形

Emi has a [          ] box.

(3) マイクはとても背が高いです。　very：とても

Mike is very [          ] .

(4) この問題は難しいです。　question：問題

This question is [          ] .

(5) これらのりんごは大きいです。　these：これらの

These apples are [          ] .

(6) 彼女は有名な歌手です。　singer：歌手

She is a [          ] singer.

(7) その男の人は親切そうに見えます。　man：男の人

The man looks [          ] .

| big | new | small | famous | difficult | kind | tall |

英語で書きましょう。

(1) 彼は古い腕時計を持っています。　古い：old　腕時計：watch

He _____ .

(2) あの写真は美しいです。　写真：picture　美しい：beautiful

That _____ .

(3) この本はおもしろそうに見えます。　おもしろい：interesting

This _____ .

# 23 副詞の使い方

副詞  29

形容詞の使い方はわかったかな？　次は，fast（速く），well（じょうずに）など，「副詞」について学習しよう。

「速く走る」や「じょうずに泳ぐ」の fast（速く）や well（じょうずに）を副詞（ふくし）といいます。副詞を使うと，動作がどんなふうに行われているかを表すことができますね。

副詞が動詞を説明するときは，動詞のあとに置いて使います。

run fast
速く走る

Swim well
じょうずに泳ぐ

study hard
熱心に勉強する

walk together
いっしょに歩く

always（いつも），usually（たいてい），often（よく），sometimes（ときどき）などの頻度（ひんど）を表す副詞は，一般動詞ならその前に，be動詞ならそのあとに置くことが多いです。

I Sometimes go to the shop.
一般動詞の前！　私はときどきその店へ行く。
He is always busy. 彼はいつも忙しい。
be動詞のあと！

very（とても）や too（あまりにも，〜すぎる）は形容詞・副詞の前で使います。

Your T-shirt is too big.
副詞　形容詞
あなたのTシャツはあまりに大きい（大きすぎる）。

 これもタイセツ
このほか，now（今），here（ここに），there（そこに），today（今日〔は〕），every day（毎日），slowly（ゆっくりと），early（早く），late（遅く）なども副詞（句）です。

これだけ チェック! ●副詞は単語の意味と, どこに置くかに 注意して使おう！

➡答えは別冊 p.8

**1** 下から適する語を選び, □ に書きましょう。

(1) エミはじょうずにピアノをひきます。　play：ひく

Emi plays the piano _____ .

(2) あなたの犬は速く走ります。　run：走る

Your dog runs _____ .

(3) 私は熱心に英語を勉強します。　study：勉強する

I study English _____ .

(4) 私はときどきおじを訪問します。　visit：訪問する　uncle：おじ

I _____ visit my uncle.

(5) 私はたいてい朝食にパンを食べます。　eat：食べる　bread：パン　for breakfast：朝食に

I _____ eat bread for breakfast.

(6) 私は今とても幸せです。　happy：幸せな

I am _____ happy now.

| sometimes | hard | well | very | usually | fast |

**2** 〔 〕内の語句を並べかえて, 英文を作りましょう。

(1) 私はよく日曜日にサッカーをします。　日曜日に：on Sundays

〔 play / I / soccer / often 〕 on Sundays.

_____ on Sundays.

「よく」などの頻度を表す副詞は, 一般動詞の前に置く。

(2) この帽子は小さすぎます。　～すぎる：too

This 〔 hat / too / is / small 〕.

This _____ .

(3) 私の父は毎日早く起きます。　毎日：every day　早く：early

My father 〔 every day / gets / early / up 〕.

My father _____ .

65

# 24 場所や時を表すことば

前置詞  ♪ 30

今回は，「学校で」とか「日曜日に」のように場所や時を表すときに使う「前置詞」について学習しよう。いろいろな種類の前置詞があるよ。

「学校で」は at school，「日曜日に」は on Sunday と言います。school や Sunday だけでは「〜で」「〜に」の意味を表すことができません。

at や on などを前置詞といいます。よく使う前置詞には，次のものがあります。

at school
学校で

in the park
公園で

on the bed
ベッドの上に

under the desk
机の下に

from my house
家から

to school
学校へ

for you
あなたのために

with me
私といっしょに

at は比較的せまい場所，in は広い場所や「〜の中で」の意味で，on は接していることを表す場合に使います。

時を表す語句と前置詞は組み合わせが決まっています。セットで覚えましょう。

at ＋時刻
at seven 7時に

on ＋曜日・日付
on Sunday 日曜日に

in ＋月・年・季節
in summer 夏に

これも
タイせつ

次の表現もよく使われるので覚えておきましょう。
in the morning (午前中に)，in the afternoon (午後に)，at noon (正午に)，
at night (夜に)，after school (放課後)，before dinner (夕食前に)

これだけ
チェック！

● 「〜で」や「〜に」と場所や時を表す
ときは，〈前置詞＋名詞〉の形を使う！

➡答えは別冊 p.8

1 下から適する語を選び，□□□に書きましょう。

(1) 私はかばんの中に本を持っています。

I have a book □□□□□□ my bag.

(2) ケンはたいてい 11 時に寝ます。 usually：たいてい go to bed：寝る

Ken usually goes to bed □□□□□□ eleven.

(3) 私のネコはいすの上にいます。 chair：いす

My cat is □□□□□□ the chair.

(4) 私は夕食前にテレビを見ます。 dinner：夕食

I watch TV □□□□□□ dinner.

(5) あなたの自転車は木の下にあります。 bike：自転車 tree：木

Your bike is □□□□□□ the tree.

(6) メアリーは放課後，バイオリンをひきます。 play：ひく violin：バイオリン

Mary plays the violin □□□□□□ school.

| after | at | before | in | on | under |

2 （ ）の内容をつけ加えて，文を書きかえましょう。

(1) He washes his car. （日曜日に） 日曜日：Sunday

_____

(2) We study English. （学校で） 学校：school

_____

(3) Yumi visits Hokkaido. （夏に） 夏：summer

_____

(4) He plays soccer. （彼の弟といっしょに） 彼の弟：his brother

_____

# 25 「〜があります」の文

There is[are] 〜.

ここでは、「机の上に本があります」のように、「…に〜があります」という言い方を習います。be動詞を使った文の仲間だよ。

「…に〜があります［います］」は、There is 〜で文を始めます。そのあとに、あるもの［いる人］（名詞）と場所を表す語句を続けます。たとえば、「机の上に本が1冊あります」は、There is a book on the desk. と表します。

There is <u>a book</u> <u>on the desk</u>.
「〜がある」もの（名詞）　場所を表す語句
　　　　　　　　　　　　　　場所を表す前置詞

机の上に本が1冊あります。

場所を表す前置詞には次のようなものがありましたね（66ページ参照）。
on（〜の上に）, under（〜の下に）, in（〜の中に）, by（〜のそばに）, near（〜の近くに）
など

2つ［2人］以上のもの［人］について「〜があります［います］」と言うときは、is を are にかえて、There are 〜で始めます。

There are two cats under the table. テーブルの下にネコが2匹います。
複数を表すbe動詞　複数名詞
s, es を忘れない！

単数名詞には There is〜. 複数名詞には There are〜.

There is[are] 〜. を使って表すとき、注意点があります。相手がすでに知っている人やものについて言うときは、使えません。

○ There is a bag on the chair.
　　　　　　　知らないもの
✕ There is your bag on the chair.
　　　すでに知っているもの　→ ○ Your bag is on the chair.

これだけ
チェック！

● 「…に〜があります［います］」は〈There is[are] 〜＋場所を表す語句 .〉で表す！

➡答えは別冊 p.8

**1** 適する語を下から選び，□に書きましょう。

(1) 机の上に本があります。　desk：机

There ☐ a book on the desk.

(2) テーブルの下にボールが2個あります。　table：テーブル

There ☐ two balls under the table.

(3) 箱の中に何個かのリンゴがあります。　box：箱　some：いくつかの

There are some apples ☐ the box.

(4) いすの上にネコがいます。　chair：いす

There is a cat ☐ the chair.

(5) 机の下にノートがあります。　notebook：ノート

There is a notebook ☐ the desk.

| are　　is　　on　　in　　under |
| --- |

**2** 〔 〕内の語句を並べかえて，英文を作りましょう。

(1) ベッドの上に写真があります。　bed：ベッド　on：〜の上に

〔 on / is / there / a picture 〕 the bed.

_____ the bed.

(2) かばんの中にたくさんのペンがあります。　many：たくさんの　pens：pen の複数形

〔 in / are / many pens / there 〕 the bag.

_____ the bag.

(3) 木のそばに犬がいます。　tree：木　by：〜のそばに

〔 is / there / by / a dog 〕 the tree.

_____ the tree.

69

# 26 「〜がありません」「〜がありますか」

There is[are] 〜 . の否定文と疑問文  32

There is[are] 〜 . の否定文と疑問文を習いましょう。be 動詞の文と作り方は同じです。
「…に〜がありません [ いません ]」の否定文は，is[are] のあとに not を置き，There is [are] not 〜 . で表します。

There is not a bird in the tree.　木には鳥はいません。
短縮形 isn't

There are not any children in the park.　公園には子どもは1人もいません。
短縮形 aren't

否定文は，
is, are のあとに
not を置く！

 これも
タイセツ
any は「いくつかの」の意味ですが，否定文で使われると「1つも〜ない」「少しも〜ない」という意味になります。
　There aren't any zoos in my city. （私の市には動物園が 1 つもありません）

「…に〜がありますか [ いますか ]」の疑問文は，is[are] を there の前に置き，Is[Are] there 〜？で表します。答えるときも，there と is[are] を使います。

there の前に
Is there a museum near here?　この近くに博物館はありますか。
—Yes, there is. はい，あります。／ No, there isn't. いいえ，ありません。
there と is [are] で答える。

まとめ
There is[are]〜. の疑問文と答え方　➡　・Is [Are] there 〜？
　　　　　　　　　　　　　　　　　　・Yes, there is[are]. / No, there isn't [aren't].

 ミス
注意
Is[Are] there 〜？ に答えるときに it や they を使わないように注意する！
Is there a library in this town? — ✕　Yes, it is. / No, it isn't.
　　　　　　　　　　　　　　　　　◯　Yes, there is. / No, there isn't.

これだけ チェック！

●否定文は be動詞のあとに not を置く！
●疑問文は be動詞を there の前に置く！

➡答えは別冊 p.9

1️⃣ ◯に適する語を書きましょう。

(1) テーブルの上にはカップがありません。　cup：カップ

There is ⬜ a cup on the table.

(2) 木の下には自転車がありません。　bike：自転車

There ⬜ ⬜ a bike under the tree.

(3) 箱の中にはたまごが１つもありません。　egg：たまご

There ⬜ ⬜ any eggs in the box.

any 〜は否定文では「１つも〜ない，１人も〜ない」の意味になる。

2️⃣ 疑問文に書きかえ，Yes と No で答えましょう。

(1) There is a cat under the chair.　（いすの下にネコがいます）

⬜ ⬜ a cat under the chair?

— Yes, ⬜ ⬜ . / under：〜の下に

No, ⬜ ⬜ .

(2) There are many watches on the desk.　（机の上にたくさんの腕時計があります）

⬜ ⬜ many watches on the desk?

— Yes, ⬜ ⬜ . / many：たくさんの　watch：腕時計

No, ⬜ ⬜ .

3️⃣ 〔　〕内の語句を並べかえて，英文を作りましょう。

(1) 公園には生徒が１人もいません。　park：公園　student：生徒

〔 in / aren't / there / any students 〕 the park.

＿＿＿＿＿＿＿＿＿＿＿＿＿ the park.

(2) ベッドのそばにバットがありますか。

〔 are / by / there / any bats 〕 the bed?

＿＿＿＿＿＿＿＿＿＿＿＿＿ the bed?

any は「いくつかの」の意味。疑問文では，some ではなく any を使う。

# まとめのテスト

| 勉強した日 | 得点 |
|---|---|
| 月　　日 | ／100点 |

➡答えは別冊 p.9

**1** 次の名詞の複数形を書きなさい。　　　　　　　　　　2点×7(14点)

(1)　window　（窓）　　　　　　　　(2)　bus　（バス）

(3)　class（授業）　　　　　　　　(4)　box　（箱）

(5)　city　（都市）　　　　　　　　(6)　woman　（女の人）

(7)　child　（子ども）

**2** 次の日本文にあうように，□□□に適する語を書きなさい。　　　5点×6(30点)

(1)　彼は何台かの車を持っています。

　　He has ＿＿＿＿ ＿＿＿＿ .

(2)　私たちは7時に夕食を食べます。　　dinner：夕食

　　We have dinner ＿＿＿＿ ＿＿＿＿ .

(3)　あの家は古そうに見えます。

　　That house ＿＿＿＿ ＿＿＿＿ .

(4)　机の上にノートが3冊あります。

　　＿＿＿＿ ＿＿＿＿ three notebooks on the desk.

(5)　たくさんの女の子たちがその店を訪れます。　　store：店　visit：訪れる

　　＿＿＿＿ ＿＿＿＿ visit the store.

(6)　トムはときどきお母さんの手伝いをします。　　his：彼の

　　Tom ＿＿＿＿ ＿＿＿＿ his mother.

こまった
ときの
ヒント

**1** 語尾が s, x, sh, ch のときは es をつける。〈子音字＋ y〉で終わる語は，y を i にかえて es をつける。
子音字とは，a, i, u, e, o 以外のアルファベット。
**2** (1)「何台かの」＝「いくつかの」　(2)時刻を表す言い方。
(3)「〜のように見える」は〈look ＋形容詞〉で表す。That house は3人称・単数。
(4)2つ以上のものについて「〜があります」というときは，There are 〜で始める。
(5)「女の子たち」は複数。(6)「ときどき」は頻度を表す副詞。Tom は3人称・単数。

# 3 〔 〕内の語句を並べかえて，英文を書きなさい。 6点×4(24点)

(1) この花はとても美しいです。 beautiful：美しい
〔 is / flower / beautiful / this / very 〕.

_____

(2) テーブルの下に犬が一匹います。 under：〜の下に
〔 dog / there / under / a / is / the table 〕.

_____

(3) 私はよく図書館へ行きます。 often：よく library：図書館
〔 often / to / I / the library / go 〕.

_____

(4) あなたはりんごを何個ほしいですか。 want：ほしい
〔 apples / want / how / you / many / do 〕?

_____

## 次の日本文を英語にしなさい。 8点×4(32点)

(1) これらの自転車は新しいです。 これらの：these 自転車：bike

_____

(2) 私の弟はとても速く泳ぎます。 弟：brother とても：very 泳ぐ：swim

_____

(3) 私たちは土曜日にサッカーをします。 土曜日：Saturday サッカー：soccer

_____

(4) その男の人は忙しそうに見えます。 男の人：man

_____

3 (2) 「…に〜がいます」は，There is で始め，あとに，名詞と場所を表す語句を続ける。
  (3) 「よく」は頻度を表す副詞。(4) many のあとには名詞の複数形を置く。
✏ (1) 「これらの自転車」が主語。(2) 「速く」は副詞で，動詞の「泳ぐ」を説明している。
  (3) 「土曜日に」でひとまとまり。曜日を表すことばの前に前置詞が必要。
  (4) 「〜のように見える」は〈look ＋形容詞〉で表す。主語の The man は 3 人称・単数。

# リスニング問題にチャレンジ

➡答えは 別冊 p.9

**1** 対話を聞き，その内容にあう絵をア～カから1つ選び，記号を書きなさい。♪ 33

(1) （　　　） 　(2) （　　　） 　(3) （　　　） 　(4) （　　　）

ア

イ

ウ

エ

オ

カ

**2** 絵は公園の様子を表しています。英文を聞き，その内容にあう人や動物をア～クから1つ選び，記号を書きなさい。

(1) （　　　） 　(2) （　　　） 　(3) （　　　） 　(4) （　　　）

♪ 34

# 代名詞

代名詞とは，これまでに習った he（彼は）や she（彼女は），it（それは）などのことばのことだよ。

代名詞は，その名前の通り，名詞とほぼ同じ働きをします。ただし，文の中での役割によって，形が変わります。

ここでは，主な代名詞の種類とそれぞれの役割を習いましょう。

`he` 彼は

He is a student.

`him` 彼を[に]

I know him.

`his` 彼の，彼のもの

This is his bag.  This bag is his.

`she` 彼女は

She is kind.

`her` 彼女を[に]

I know her.

`her` 彼女の  `hers` 彼女のもの

This is her bike.  This bike is hers.

# 27 代名詞とは？

代名詞の主格　♪ 35

Ken(ケン)や desk(机)など，人や物の名前を表すことばを名詞といいましたね。

このような具体的な名前を，1語で言いかえたものが**代名詞**です(名詞の代わりのことばという意味です)。「彼」や「彼女」，「あれ」「これ」「それ」などはすべて代名詞です。代名詞のなかで主語になるものを**主格**といいます。

「彼は」は **he**，「彼女は」は **she**，「それは」は **it** で表します。

彼は he　彼女は she　それは it

He is a student. 彼は学生です。

英語では，同じ人や物について話すとき，2回目以降は代名詞を使うのがふつうです。

This is Hikozaemon. → He is a teacher.
こちらは彦左衛門さんです。　彼は先生です。

← Hikozaemon

長い名前も，代名詞にすればカンタンだね！

**I**，**you**，**we**(私たちは)，**they**(彼らは，彼女らは，それらは)も代名詞です。this の複数形 **these**(これら)や that の複数形 **those**(あれら，それら)も代名詞です。

They are movie stars.
彼らは映画スターです。

They are chairs.
それらはいすです。

theyの訳は，文脈にあわせて判断しよう。

# 練 習 問 題

→答えは別冊 p.10

> **これだけ チェック!**
> ●「～は」を表す代名詞(主格)は I, you, he, she, it, we, they を使う!

**1** ☐ に適する語を書きましょう。

(1) 彼は私のおじです。　my uncle : 私のおじ

　　☐ is my uncle.

(2) 彼女は英語の先生です。　teacher : 先生

　　☐ is an English teacher.

(3) これは何ですか。— それは絵です。　picture : 絵, 写真

　　What is this? — ☐ is a picture.

(4) 私は犬を2匹飼っています。それらはかわいいです。　cute : かわいい

　　I have two dogs. ☐ are cute.

**2** 下線部を1語の代名詞にして文を書きかえましょう。

(1) <u>My mother</u> is a nurse. （私の母は看護師です）nurse : 看護師

　　_____

(2) <u>Mr. Brown</u> is from America. （ブラウン先生はアメリカ出身です）

　　_____

(3) <u>Kenta and I</u> are students. （ケンタと私は生徒です）student : 生徒

　　_____

**3** 〔　〕内の語を並べかえて，英文を作りましょう。

(1) これらは新しい本です。　new : 新しい　these : これら

　　〔 are / new / these 〕 books.

　　_____ books.

(2) 彼らはじょうずな野球選手です。　good : じょうずな　player : 選手

　　〔 baseball / good / they / are 〕 players.

　　_____ players.

# 28 「私の〜」「あなたの〜」などの言い方

代名詞の所有格　 36

代名詞の学習を続けよう。「私は」は I，「犬」は dog だね。では，「私の犬」は I dog でよいかな。もちろん，間違いだね。正しくは **my** dog です。

「〜の」と持ち主や関係を言うときは，代名詞の「〜の」の形を使います。この形を**所有格**といいます。「〜の」を表す代名詞には，次のものがあります。

| | | | |
|---|---|---|---|
| my | 私の | our | 私たちの |
| your | あなたの | your | あなたたちの |
| his | 彼の | | 彼らの， |
| her | 彼女の | their | 彼女らの， |
| its | それの | | それらの |

**これもタイせつ**
「太郎くんの〜」のように人の名前で言いたいときは，Taro's 〜 のように〈人名＋'s〉で表します。「's」を「アポストロフィー s」といいます。
また，「それの」の its と，it is の短縮形の it's を間違えないようにしましょう。

「〜の」の代名詞は名詞の前に置きます。「彼の古いかばん」のように代名詞と名詞の間にほかのことばが入ることもあります。

「〜の」の代名詞は，a[an] や the，this（この），that（あの）とはいっしょに使えません。また，代名詞の後ろに名詞がないのも間違った使い方です。

This is a̶ my dog.　これは私の犬です。
This is th̶e̶ my dog.
This is my ___.　名詞がない！ ✕

これだけ
チェック！ ●「〜の」を表す代名詞(所有格)は my, your, his, her, its, our, their を使う！

➡答えは別冊 p.10

1 　 ⬚ に適する語を書きましょう。

(1) これは私の自転車です。　bike：自転車

This is ⬚ bike.

(2) あなたのギターはすてきです。　guitar：ギター　nice：すてきな

⬚ guitar is nice.

(3) エミはよく彼女のお母さんを手伝います。　often：よく　help：手伝う

Emi often helps ⬚ mother.

(4) あれは私たちの学校です。　school：学校

That is ⬚ school.

2 　 〔 〕内の語を並べかえて，英文を作りましょう。

(1) 私たちはユキのお母さんを知っています。　know：知っている　mother：お母さん

We 〔 Yuki's / know / mother 〕.

We _____ .

(2) これは私の姉のコンピューターです。　computer：コンピューター　sister's：姉の

This 〔 my / computer / is / sister's 〕.

This _____ .

(3) ケンとタクは彼らの英語の先生が大好きです。　like 〜 very much：〜が大好きです

Ken and Taku 〔 English / like / teacher / their 〕 very much.

Ken and Taku _____ very much.

ABC 英語で書きましょう。

(1) ビル(Bill)のお父さんは医者です。　お父さん：father　医者：a doctor

_____

(2) これは彼の新しいラケットです。　新しい：new　ラケット：racket

_____

# 29 「私を」「彼を」「彼女を」などの言い方

### 代名詞の目的格  37

「彼は野球が好きです」の「彼は」は he で表しましたね。では，「私は<u>彼を</u>知っています」の「彼を」はどう表すでしょうか。

このようなときに使われるのが代名詞の「〜を，〜に」の形です。この形を**目的格**といいます。「**彼を**」は him で表します。

Tom likes baseball. トムは野球が好きです。
↓
He likes baseball. 彼は野球が好きです。

I know Tom. 私はトムを知っています。
↓
I know him. 私は彼を知っています。
×he

文の中でどう使われているか考える！チューイ！

↑Tom

「〜を，〜に」の形の代名詞をまとめると，次のようになります。これらは「<u>彼女に</u>ペンを渡す」の「彼女に」のように，**動作の相手**を言うときにも使います。

| | | | |
|---|---|---|---|
| me | 私を [に] | us | 私たちを [に] |
| you | あなたを [に] | you | あなたたちを [に] |
| him | 彼を [に] | them | 彼らを [に]， |
| her | 彼女を [に] | | 彼女らを [に]， |
| it | それを [に] | | それらを [に] |

また，「〜を，〜に」の形の代名詞は，**前置詞のあとに代名詞**がくるときにも使います。

前置詞
Jim plays baseball with his friends.
ジムは友だちと野球をします。
↓
Jim plays baseball with them.
ジムは彼らと野球をします。
×they
目的格にする

Jim

# 練習問題

これだけチェック！ ●「～を」を表す代名詞（目的格）は me, you, him, her, it, us, them を使う！

➡答えは別冊 p.10

**1** ☐ に適する語を書きましょう。

(1) 私を手伝ってください。　help：手伝う
Please help ☐ .

(2) 私たちはあなたたちが大好きです。　love：大好きである
We love ☐ .

(3) 彼らは私たちを知りません。　know：知っている
They don't know ☐ .

(4) 私はよく彼らとサッカーをします。　often：よく　with：～といっしょに
I often play soccer with ☐ .

**2** 下線部を1語の代名詞で表すとき，☐ に適する語を書きましょう。

(1) We like your brother. （私たちはあなたのお兄さんが好きです）　like：好きである
We like ☐ .

(2) Do you know Ms. Tanaka? （あなたは田中先生を知っていますか）
Do you know ☐ ?　Ms.：（女性に対して）～さん，先生

(3) I study English every day. （私は英語を毎日勉強します）　every day：毎日
I study ☐ every day.

(4) I have a dog and a cat. （私は犬とネコを飼っています）
I have ☐ .

英語で書きましょう。

(1) 岡田さん(Ms. Okada)は私をとてもよく知っています。　とてもよく：very well

_____ very well.

(2) 彼女は彼らのために夕食を作ります。　～のために：for　夕食：dinner　作る：cook

_____

# ㉚ 「私のもの」「あなたのもの」などの言い方

所有代名詞  38

最後に，「〜のもの」の言い方を学習しましょう。

「これはあなたのかばんですか」と聞かれたとき，「はい，私のかばんです」という答え方もあれば，「はい，私のものです」という答え方もありますね。

「私のもの」を表す代名詞が mine です。この形を**所有代名詞**といいます。

Is this your bag? これはあなたのかばんですか。

Yes, it's mine. はい，それは私のものです。

mine = my bag

「〜のもの」を表す代名詞をまとめると，次のようになります。mine と his 以外は，「〜の」の形に s をつけただけなので覚えやすいですね。

| | 単数 | | | | | 複数 | | | |
|---|---|---|---|---|---|---|---|---|---|
| | 〜は | 〜の | 〜を,に | 〜のもの | | 〜は | 〜の | 〜を,に | 〜のもの |
| 私 | I | my | me | mine | 私たち | we | our | us | ours |
| あなた | you | your | you | yours | あなたたち | you | your | you | yours |
| 彼 | he | his | him | his | 彼ら | | | | |
| 彼女 | she | her | her | hers | 彼女ら | they | their | them | theirs |
| それ | it | its | it | —— | それら | | | | |
| トム | Tom | Tom's | Tom | Tom's | | | | | |

これらの「〜のもの」を表す代名詞には，a[an]，the，this，that はつけません。

my father's など〈名詞＋'s〉の形は，「〜の」と「〜のもの」の両方の意味で使われるので注意しましょう。

This is my father's car.
これは 私の父の車です。

This car is my father's.
この車は 私の父のものです。

うしろに名詞があるかないかで見分けられるよ！

これだけ チェック！ ●「～のもの」を表す所有代名詞は mine, yours, his, hers, ours, theirs！

➡答えは別冊 p.10

**1** ☐に適する語を書きましょう。

(1) あの自転車は私のものです。　bike：自転車

That bike is ☐ .

(2) このペンはあなたのものですか。

Is this pen ☐ ?

(3) このかさは彼女のものです。　umbrella：かさ

This umbrella is ☐ .

(4) あの机は彼のものではありません。　desk：机

That desk isn't ☐ .

(5) これらのかばんは私たちのものです。　these：これらの

These bags are ☐ .

**2** 各組の文がほぼ同じ内容を表すように，☐に適する語を書きましょう。

(1) This is my umbrella.（これは私のかさです）

This umbrella is ☐ .　「私のもの」を入れる。

(2) Those are his pictures.（あれらは彼の絵です）　picture：絵，写真

Those pictures are ☐ .　「彼のもの」を入れる。

(3) That isn't our house.（あれは私たちの家ではありません）　house：家

That house isn't ☐ .　「私たちのもの」を入れる。

(4) Are these their books?（これらは彼らの本ですか）

Are these books ☐ ?　「彼らのもの」を入れる。

✏ABC 英語で書きましょう。

(1) この帽子は彼女のものです。　帽子：hat

_____

(2) あのサッカーボールはケン(Ken)のものです。　サッカーボール：soccer ball

_____

# まとめのテスト

| 勉強した日 | 得点 |
|---|---|
| 月　　日 | ／100点 |

➡答えは別冊 p.11

**1** 次の文の＿＿に，（ ）内から適する語を選んで書きなさい。　　4点×7（28点）

(1)　Tom knows ＿＿＿＿ ．（ I / my / me ） know：知っている

(2)　That's ＿＿＿＿ bike.（ you / your / yours ）

(3)　Do you help ＿＿＿＿ ?（ he / his / him ） help：手伝う

(4)　Mr. Tanaka teaches ＿＿＿＿ ．（ we / our / us ） teach：教える

(5)　Is that ＿＿＿＿ house?（ they / their / them ） house：家

(6)　This camera is ＿＿＿＿ ．（ he / his / him ） camera：カメラ

(7)　I go to school with ＿＿＿＿ ．（ she / her / hers ） with：～といっしょに

**2** 次の日本文にあうように，＿＿に適する語を書きなさい。　　5点×4（20点）

(1)　あなたたちは生徒ですか。— はい，そうです。

Are ＿＿＿＿ students? — Yes, ＿＿＿＿ are. student：生徒

(2)　このバッグは私のものです。あのバッグは彼女のものです。

This bag is ＿＿＿＿ ． That bag is ＿＿＿＿ ．

(3)　彼らは犬を飼っています。それの耳は大きいです。

＿＿＿＿ have a dog. ＿＿＿＿ ears are big. have：飼っている　ear：耳

(4)　これはケン(Ken)のノートですか。— いいえ。タケシ(Takeshi)のです。

Is this ＿＿＿＿ notebook? — No. It's ＿＿＿＿ ．

こまった
ときの
ヒント

**1** (1)(3)(4)動詞の動作を受ける「～を」の形。(2)(5)「～の」と持ち主を表す形。(6)「～のもの」の形。
(7) with は前置詞。前置詞のあとに置く代名詞の形は，「～を，～に」の形にする。

**2** (1)「あなたたち」は「あなた」と同じ語。
(2)「彼女のもの」は「彼女のバッグ」を1語で表したもの。
(3)「それの」は its。(4)人の名前を使った「～のもの」は〈人名＋'s〉で表す。

84

# 3 次の英文の下線部を1語の代名詞にかえて全文を書きなさい。 6点×4(24点)

(1) I visit <u>Tom's house</u>. visit：訪れる

___

(2) Everybody likes <u>Ms. White</u>. everybody：みんな

___

(3) <u>Lisa and I</u> are in the tennis club. club：クラブ，部

___

(4) That school is <u>Bob and Jack's</u>.

___

 次の日本文を英語にしなさい。 7点×4(28点)

(1) 彼は私たちの先生です。

___

先生：teacher

(2) 私たちは彼らを知りません。

___

知っている：know

(3) このラケットはあなたのものです。

___

ラケット：racket

(4) これは私の腕時計です。私は毎日それを使います。

___

腕時計：watch　毎日：every day　使う：use

---

3 (1) Tom's house「トムの家」→「彼の家」　(2)「ホワイトさん(女性)を」→「彼女を」
　(3) Lisa and I「リサと私は」→「私たちは」
　(4) Bob and Jack's「ボブとジャックのもの」→「彼らのもの」
✏ (1)「私たちの」は our。(2)「彼らを」は them。
　(3)「あなたのもの」は yours。(4)「それ」は「私の腕時計」を1語で表したもの。

# リスニング問題にチャレンジ

→答えは
別冊 p.11

**1** 対話を聞き，その内容にあう絵をア～カから1つ選び，記号を書きなさい。 ♪ 39

(1) (　　　)　　(2) (　　　)　　(3) (　　　)　　(4) (　　　)

ア

イ

ウ

エ

オ

カ

**2** 絵についての質問を聞き，それに対する答えをア～ウから1つ選び，記号を書きなさい。 ♪ 40

(1)

ア　Yes. I play it with him.
イ　Yes. I play it with her.
ウ　Yes. I play it with them.

(　　　)

(2)

ア　Yes. It's yours.
イ　Yes. It's mine.
ウ　This is a new hat.

(　　　)

# いろいろな疑問文, 命令文

**5**

1章, 2章では what「何」を使った疑問文を学習しましたね。ここでは, それ以外の「だれ」「いつ」「どこで」など, いろいろな疑問文を学習しましょう。

また, 「〜なさい！」「〜してはいけません」のように相手に命令する表現や「〜しましょう」と相手を誘う表現も学習します。

いろいろな疑問詞　who「だれ」, when「いつ」, where「どこ」など

だれからだろう…？

勉強しなさい。

命令文　動詞の原形〜.「〜しなさい」

# 31 「だれ？」「いつ？」「どこ？」

who, where, when  41

 以前学んだ，what(何)ということばを覚えているかな。ここでは what の仲間を学習して，いろんなことをたずねられるようになろう。

　what のように，相手に何かをたずねることばを疑問詞といいます。疑問詞には，2つの大きなルールがあります。まず，それらを確認しておきましょう。

① 疑問詞は，いつでも 文の最初にくる。
② 疑問詞でたずねられたら，Yes, No ではなく具体的に答える。

①…英語では，What ～?(何～?)のように，いちばん知りたいことを，いちばん最初に聞きます。疑問詞のあとは，疑問文の語順が続きます。

②…日本語でも，「これは何ですか」と聞かれたら「りんごです」と具体的に答えますよね。

　では，what 以外の疑問詞をみてみましょう。

　「だれ？」と「人」についてたずねるときには，who を使います。

Who is that man? あの男の人はだれですか。
疑問詞　　疑問文の語順
—He is Mr. Suzuki. 彼は鈴木先生です。

だれなのかを具体的に答えるよ！

　「いつ？」と時をたずねるときは when，「どこ？」と場所をたずねるときは where を使います。答え方も確認しましょう。

When do you play tennis?
いつテニスをしますか。
— On Saturday. 土曜日にします。
Where do you play tennis?
どこでテニスをしますか。
— In the park. 公園でします。

これだけ
チェック！　●「だれ」は who,「いつ」は when,
　　　　　　「どこ」は where で表す！

➡答えは別冊 p.11

**1**　　　　に適する語を書きましょう。

(1) あの女の子はだれですか。

　　　　　　　　　　is that girl?

(2) 彼女の誕生日はいつですか。　her：彼女の　　birthday：誕生日

　　　　　　　　　　is her birthday?

(3) あなたたちはどこで泳ぎますか。　swim：泳ぐ

　　　　　　　　　　do you swim?

(4) トムはいつ友だちと遊びますか。　play with ～：～と遊ぶ

　　　　　　　　　　　　　　　　Tom play with his friends?

(5) あなたのかばんはどこにありますか。

　　　　　　　　　　　　　　　　your bag?

(6) だれが朝食を作りますか。　breakfast：朝食

　　　　　　　　　　　　　　　　breakfast?

**2**　疑問文に対する答えとして適するものをア〜ウから選び，記号で答えましょう。

(1) Who is that boy?　　　　　（　　　）　　　ア　At school.

(2) Where do you play soccer?　（　　　）　　　イ　On Sundays.

(3) When do you go shopping?　（　　　）　　　ウ　He is Tom.
　　go shopping：買い物に行く

英語で書きましょう。

(1) あなたはいつピアノをひきますか。― 放課後です。（2語で）放課後：after school

　　　　　　　　　　　　　　　　―

(2) ケン(Ken)はどこで勉強しますか。― 図書館です。（3語で）図書館：library

　　　　　　　　　　　　　　　　―

(3) ケイコ(Keiko)とはだれですか。― 彼女は私の妹です。　妹：sister

　　　　　　　　　　　　　　　　― She is 　　　　　　　　　.

# ㉜ 「だれの〜?」「どちら?」「どう?」

whose, which, how　🎵42

ここでは，疑問詞 whose, which, how の使い方を学習しましょう。

「だれの〜?」と持ち主をたずねるときは，whose（だれの，だれのもの）を使います。
　答えるときは，mine（私のもの），yours（あなた（たち）のもの），his（彼のもの）などの代名詞や Ken's（ケンのもの）のような〈人名＋'s〉の形を使います。

Whose bag is this? これはだれのかばんですか。
〈Whose ＋名詞〉疑問文の語順
　— It's mine. それは私のです。
「〜のもの」の言い方は，hers や ours もあるよ。(⇒P.82)

だれのかばん？
私のよ

「どちら?」とたずねるときは，which を使います。とくに，A と B，2つのうちのどちら?とたずねたいときは，文の最後に〈A or B?〉の形をつけます。

Which do you like, soccer or tennis?
あなたはサッカーとテニスではどちらが好きですか。
　— I like soccer. 私はサッカーが好きです。

「どう?」と状態をたずねたり，「どうやって?」と方法や手段をたずねるときは，how を使います。

**状態** How is your mother?
お母さんの具合（調子）はどうですか。
　— She is fine. 元気です。

**方法・手段** How do you go to school?
あなたはどうやって学校に行きますか。
　—By bike. 自転車です。

遅刻だぁぁ〜!

これだけ チェック！  ●「だれの」は whose，「どちら」は which，「どう」は how で表す！

➡答えは別冊 p.11

1 ◯◯◯に適する語を書きましょう。

(1) あれはだれの自転車ですか。— タク(Taku)のです。　bike：自転車

◯◯◯ bike is that? — It's ◯◯◯ .

(2) こちらとあちらでは，どちらがあなたのかさですか。— あちらです。　umbrella：かさ

◯◯◯ is your umbrella, this ◯◯◯ that? — That is.

(3) 今日の天気はどうですか。— 晴れです。　晴れの：sunny

◯◯◯ is the weather today? — It's ◯◯◯ .

2 〔　〕内の語を並べかえて，英文を作りましょう。

(1) これはだれのノートですか。

〔 is / notebook / whose / this 〕?

_____

(2) あなたは数学と理科ではどちらが好きですか。　math：数学　science：理科

〔 you / math / like / which / or / do / , 〕 science?

_____ science?

(3) ロンドンの天気はどうですか。　London：ロンドン　weather：天気

〔 is / weather / the / how / in 〕 London?

_____ London?

✏ABC 英語で書きましょう。

(1) あなたはどうやって駅へ行きますか。— バスです。

_____ the station? — _____
駅：station　バス：bus　　　　　　　　　　　　　　　　　　　　　「～で」は by ～。

(2) コーヒーと紅茶のどちらがほしいですか。— 紅茶をください。

_____ do you want, _____ tea?

— _____ , please.
コーヒー：coffee　紅茶：tea　ほしい：want

91

# 33 年齢や値段などのたずね方

How old 〜?, How much 〜? など　♪ 43

how を使ったほかのいろいろなたずね方をみましょう。

how には「どれくらい？」という意味があります。そして，後ろにもう 1 語を加えて，いろいろなことをたずねることができます。たとえば，以前学んだ How many 〜？「いくつ？」もその 1 つです（60 ページ参照）。

「いくら？」と値段や量をたずねるときは，How much 〜？ を使います。

How much is this? これはいくらですか。
　疑問詞　　疑問文の語順

how much をひとまとまりで
1つの疑問詞だと考えればいいね！

— It's twenty dollars. 20ドルです。

「何歳？」と年齢をたずねるときは，How old 〜？ を使います。

How old are you?
あなたは 何歳 ですか。
— I am thirteen.　13歳です。

ウン

中1なの？

これも
タイせつ

「〜歳です」と答えるとき，数字のあとに years old をつけることもあります。
　I am thirteen years old.　（私は 13 歳です）
また，How old 〜？ は物や建物などの古さをたずねるときにも使います。

ほかにも，物や時間の長さをたずねる How long 〜？「どのくらい長い［長く］？」や，高さをたずねる How tall 〜？「どのくらい高い？」などがあります。

How long is this bridge?
この橋はどのくらいの長さですか。
— It's three hundred meters.
300メートルです。

これだけ チェック！ ●「何歳？」は How old ～?, 「いくら？」は How much ～? で表す！

➡答えは別冊 p.12

**1** ☐ に適する語句を右から選んで，書きましょう。

(1) あなたは何歳ですか。

☐ are you?

(2) このカメラはいくらですか。 camera : カメラ

☐ is this camera?

(3) このテーブルはどのくらいの長さですか table : テーブル

☐ is this table?

How old
How long
How much

**2** 〔 〕内の語を並べかえて，英文を作りましょう。

(1) あなたのおばあさんは何歳ですか。 grandmother : おばあさん

〔 your / old / is / how 〕 grandmother?

_____ grandmother?

(2) この上着はいくらですか。 jacket : 上着

〔 is / how / this / much 〕 jacket?

_____ jacket?

(3) 英語の授業はどのくらいの長さですか。 class : 授業

〔 the / long / how / English / is 〕 class?

_____ class?

🖊 英語で書きましょう。数字も英語で書きましょう。

(1) あなたのお兄さんは何歳ですか。― 17 歳です。 お兄さん : brother 17 歳 : seventeen

_____

― _____

(2) このえんぴつはいくらですか。― 80 円です。 80 円 : eighty yen

_____

― _____

# 34 時刻・日付・曜日のたずね方

**What time is it? など**  ♪ 44

疑問詞の最後は，時刻や日付・曜日をたずねる言い方と答え方を学習しましょう。

「何時ですか」と時刻をたずねるときは，**What time is it?** と言います。what time で「何時」という意味です。it は時刻を表すときの形式的な主語です。「それは」という意味ではありません。

答えるときも it を使います。**It is**（短縮形は **It's**）のあとに〈時＋分〉の順に数字を続けると，「～時…分です」になります。

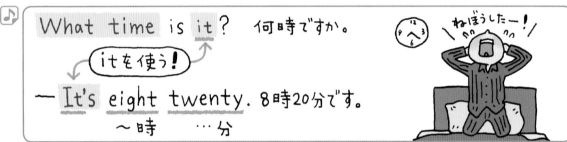

♪ What time is it?　何時ですか。
　　（itを使う！）
　 — It's eight twenty. 8時20分です。
　　　　 ～時　　…分

これも
タイセツ
「～時ちょうど」のときは，数字のあとに o'clock をつけることもあります。
It's eleven o'clock. （11時です）

「今日は何月何日ですか」は，「日付」を意味する date を使って **What is the date today?** と言います。答えるときは，同じように **It is ～ .** で表します。

♪ What's the date today?
　 今日は何月何日ですか。
　 — It's September 17. 9月17日です。

ミス
注意
日にちを言うときは，順序を表す序数を使います。17日の場合は，seventeen ではなく，seventeenth と言いますよ！

「今日は何曜日ですか」は，**What day is it today?** と言います。これも，**It is ～ .** を使って答えます。この it も「それは」とは訳しません。

♪ What day is it today?
　　　　今日は何曜日ですか。
　 — It's Tuesday. 火曜日です。

# 練習問題

これだけ チェック！ ● 「何時」は What time で始める！
● 「何曜日」は What day で始める！

➡答えは別冊 p.12

1 ☐ に適する語を書きましょう。

(1) 今，何時ですか。— 10 時 40 分です。　forty : 40 分

☐ ☐ is it now? — ☐ ☐ forty.

(2) 今日は何曜日ですか。— 日曜日です。　today : 今日

☐ ☐ is it today? — It's ☐ .

(3) 今日は何月何日ですか。— 8 月 16 日です。

☐ is the ☐ today? — It's ☐ 16.

2 〔 〕内の語を並べかえて，英文を作りましょう。

(1) 今日は何曜日ですか。

〔 is / day / it / what 〕 today?

_____ today?

(2) 今日は何月何日ですか。

〔 is / what / date / the 〕 today?

_____ today?

(3) 今，何時ですか。

〔 it / time / is / what 〕 now?

_____ now?

英語で書きましょう。

(1) 今日は何月何日ですか。— 9 月 5 日です。

_____ — _____

(2) 今日は何曜日ですか。— 水曜日です。

_____ — _____

(3) 今，何時ですか。— 7 時 30 分です。　30 分 : thirty

_____ — _____

95

# 35 「〜しなさい」「〜してください」

命令文 ♪  45

 ここからは，「立ちなさい」や「走ってはいけません」のように，相手に命令したり指示したりする言い方を学習しようね。

「〜しなさい」のように相手に命令したり指示したりする文を**命令文**といいます。

　命令文は，**主語を省略して，動詞で文を始めます**。たとえば，Stand up.（立ちなさい），Sit down.（すわりなさい）のように言います。

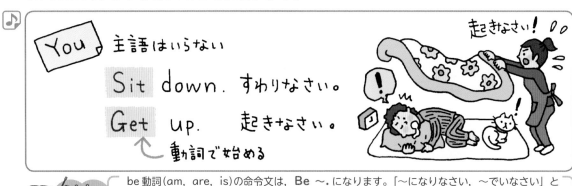

これも
タイセツ be動詞（am，are，is）の命令文は，**Be 〜.** になります。「〜になりなさい，〜でいなさい」という意味です。
**Be** quiet.（静かにしなさい）　　**Be** careful.（注意しなさい）

　「（どうぞ）〜してください」とていねいに言うときは，**命令文の前か後ろに please** をつけます。文の最後につけるときは，その前に**コンマ（ , ）**を置きます。

　「ケン，窓を閉めなさい」のように，相手の名前を呼びかける場合は，**呼びかけの語**を命令文の前か後ろに，**コンマ（ , ）**を置いて表します。

Ken, close the window.
=Close the window, Ken.
ケン，窓を閉めなさい。　　呼びかけの語

# 練習問題

➡答えは別冊 p.12

**1** ☐ に適する語を書きましょう。

(1) 英語を熱心に勉強しなさい。　hard：熱心に

☐ English hard.

(2) 手を洗いなさい。　洗う：wash

☐ your hands.

(3) こちらに来てください。

Please ☐ here.

(4) 静かにしてください。　quiet：静かな

☐ quiet, ☐ .

**2** 〔 〕内の語を並べかえて，英文を作りましょう。

(1) エミ，部屋をそうじしなさい。

Emi, 〔 room / your / clean 〕.

Emi, _____ .

(2) いっしょにこの歌を歌ってください。　together：いっしょに　song：歌　sing：歌う

〔 song / sing / this / please 〕 together.

_____ together.

🖊 英語で書きましょう。

(1) トム，この本を読みなさい。　読む：read

_____ , Tom.

(2) 窓を閉めてください。　窓：window　閉める：close

_____ the window.

(3) ケン(Ken)，これらの写真を見なさい。　これらの写真：these pictures　〜を見る：look at 〜

_____

# 36 「〜してはいけません」「〜しましょう」

Don't 〜. / Let's 〜.  46

「〜しなさい」は動詞で文を始めたね。では，「〜してはいけません」はどう言うのかな。また，「〜しましょう」の言い方も学習しましょう。

「〜してはいけません」と禁止する命令文は，〈Don't ＋動詞〜 .〉で表します。

たとえば，Don't run.（走ってはいけません），Don't be late.（遅れてはいけません）のように表します。

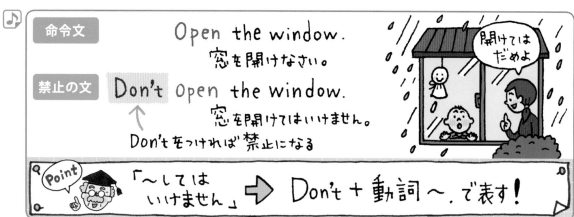

命令文
Open the window.
窓を開けなさい。

禁止の文
Don't Open the window.
窓を開けてはいけません。
Don'tをつければ禁止になる

開けては
だめよ

Point 「〜しては
いけません」 ➡ Don't ＋動詞〜 . で表す！

 ふり
カエル
「窓を開けないでください」のようにていねいに言うときは，please をつけます（96 ページ参照）。
Please don't open the window.　（窓を開けないでください）
＝Don't open the window, please.

「〜しましょう」と相手を誘うときは，〈Let's ＋動詞〜.〉で表します。

Let's 〜. に対して「はい，そうしましょう」と同意するときは，Yes, let's. / OK. / All right. などと言います。

「いいえ，やめておきましょう」と断るときは，No, let's not. などと言います。

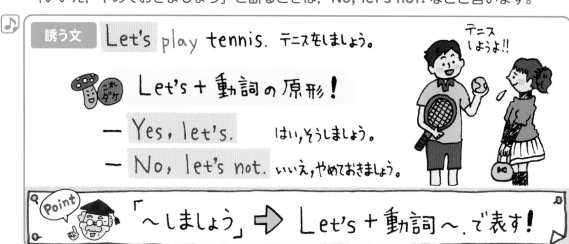

誘う文
Let's play tennis. テニスをしましょう。

テニス
しようよ!!

これ
ダケ Let's ＋ 動詞の原形 !

— Yes, let's. はい，そうしましょう。

— No, let's not. いいえ，やめておきましょう。

Point 「〜しましょう」 ➡ Let's ＋動詞〜 . で表す！

これだけ チェック！ ● 「〜してはいけません」は Don't 〜. で表す！
● 「〜しましょう」は Let's 〜. で表す！

➡答えは別冊 p.12

**1** ☐に適する語を書きましょう。

(1) この川で泳いではいけません。　river：川　swim：泳ぐ

☐ swim in this river.

(2) このコンピューターを使ってはいけません。　computer：コンピューター　使う：use

☐ ☐ this computer.

(3) 遊園地へ行きましょう。　amusement park：遊園地

☐ go to the amusement park.

(4) バスケットボールをしましょう。 — はい，そうしましょう。

☐ ☐ basketball. — Yes, ☐ .

**2** 〔　〕内の語を並べかえて，英文を作りましょう。

(1) 今，テレビを見てはいけません。　watch：見る

〔 watch / don't / TV 〕 now.

_____ now.

(2) ここで昼食を食べましょう。　here：ここで　lunch：昼食　have：食べる

〔 lunch / let's / have 〕 here.

_____ here.

✎ABC 英語で書きましょう。

(1) 日本語を話してはいけません。　日本語：Japanese　話す：speak

_____

(2) 音楽を聞きましょう。　音楽：music　〜を聞く：listen to 〜

_____

— いいえ，やめておきましょう。

— _____

# 5 いろいろな疑問文，命令文

## まとめのテスト

| 勉強した日 | 得点 |
|---|---|
| 月　　日 | ／100点 |

➡答えは別冊 p.13

## 1 次の対話の____に，下から適する語を選んで書きなさい。 4点×5(20点)

(1) [　　　　] do you swim? — In summer. swim：泳ぐ　summer：夏

(2) [　　　　] do you like, coffee or tea? — I like coffee. or：それとも

(3) [　　　　] old is Tom? — He is thirteen. thirteen：13歳

(4) [　　　　] day is it today? — It's Monday. Monday：月曜日

(5) [　　　　] is my pencil? — It's under the desk. under：〜の下に

| what    when    where    which    how |
|---|

## 2 次の質問の答えとして適切なものを選んで，記号で答えなさい。 4点×7(28点)

(1) How much is it? [　　　] ア He is fine.

(2) What time is it? [　　　] イ She is our science teacher.
　　　　　　　　　　　　　　　　　理科

(3) How is your brother? [　　　] ウ It's fifteen centimeters.
　　　　　　　　　　　　　　　　　センチメートル

(4) Whose car is that? [　　　] エ It's five hundred yen.
　　　　　　　　　　　　　　　　　100

(5) How long is this pencil? [　　　] オ It's nine fifty.

(6) How do you go to the hospital? [　　　] カ It's my father's.
　　　　　　　　　　　病院

(7) Who is that woman? [　　　] キ By train.
　　　　　　　女性　　　　　　　　　　　　電車で

こまった
ときの
ヒント

1 それぞれ答えの文の内容から，疑問詞を考える。
(1)は「夏です」，(2)は「コーヒーが好きです」，(3)は「13歳です」，(4)は「月曜日です」，(5)は「机の下」
と答えている。

2 (1)は値段，(2)は時刻，(3)は兄[弟]の様子，(4)はだれのものか，(5)は物の長さ，(6)は方法や手段，(7)は
女性がだれか，についてそれぞれ聞いている。

100

## 3 次の文を（　）内の指示にしたがって書きかえなさい。 6点×4（24点）

(1) That girl is <u>Yumi</u>. （下線部をたずねる疑問文に）

_____

(2) This bag is <u>ten dollars</u>. （下線部をたずねる疑問文に）dollar：ドル

_____

(3) You come to the party. （「〜してください」という文に）party：パーティー

_____

(4) You play baseball in this park. （「〜してはいけません」という文に）

_____

 次の日本文を英語にしなさい。 7点×4（28点）

(1) トム(Tom)はどこに住んでいますか。

_____
住む：live

(2) これらはだれのカメラですか。

_____
これら：these　カメラ：camera

(3) 今日は何月何日ですか。

_____

(4) 放課後，図書館へ行きましょう。 ― いいえ，やめておきましょう。

_____ ― _____
放課後：after school　図書館：library

---

3 (1)「あの女の子はだれですか」にする。(2)「このバッグはいくらですか」にする。
　(3)「〜してください」は please を使う。(4)「〜してはいけません」は don't を使う。

✏ (1)トムは3人称・単数。
　(2)「だれの」は「カメラ」の前に置く。「これら」は複数を表すことに注意する。
　(3)日付を聞くときは date を使う。(4)「〜しましょう」は let's を使う。答えるときも let's を使う。

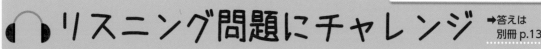

# リスニング問題にチャレンジ

➡答えは 別冊 p.13

**1** 質問を聞き，その質問に対する答えとしてもっとも適切なものをア～ウから1つ選び，その記号を書きなさい。　♪ 47

(1) ア　Yes, she is.　　イ　She is Keiko.　　ウ　She is fine.

（　　　）

(2) ア　On Sundays.　　イ　In the park.　　ウ　With Tom.

（　　　）

(3) ア　It's my father.　イ　It's mine.　　　ウ　It's Wednesday.

（　　　）

(4) ア　By bus.　　　　イ　After school.　　ウ　Every day.

（　　　）

(5) ア　It's ten o'clock.　イ　He's eleven years old.　ウ　It's twelve dollars.

（　　　）

**2** (1)～(4)の絵について，ア～ウの英文を聞き，絵の場面で使う英語としてもっとも適切なものを1つ選び，その記号を書きなさい。　♪ 48

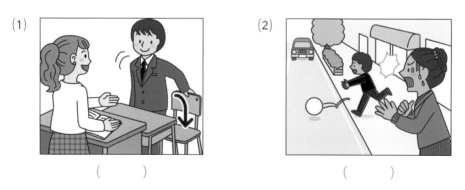

(1)　（　　　）　　　(2)　（　　　）

(3)　（　　　）　　　(4)　（　　　）

# can の文，現在進行形の文

「私は英語を話すことが<u>できます</u>」のように，「～できる」と言うときは，can を使います。

また，「彼は野球をします」は He plays baseball. ですが，「彼は今，野球を<u>しています</u>」はどう表せばよいでしょうか。このようなときは，現在進行形を使います。

## can の文
〈can＋動詞の原形〉「～できる」

## 現在進行形の文
〈be動詞＋動詞のing形〉「～している」

現在形
＝
現在の習慣や
事実など

現在進行形＝今進行中の動作

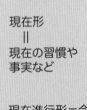

# 37 「〜できます」の文

can の文　♪49

ここからは，「〜できる」という言い方を学習しよう。
「じょうずにサッカーができる」とか「英語が話せる」は，どう言うのかな？

「私はサッカーをすることができます」のように，「〜できる」と言うときは，**動詞の前に can を置きます。**

I play soccer. 私はサッカーをします。

I **can** play soccer. 私はサッカーをすることができます。

↑ここ！

can は動詞の前！

「〜できます」⇨〈can＋動詞の原形〉！

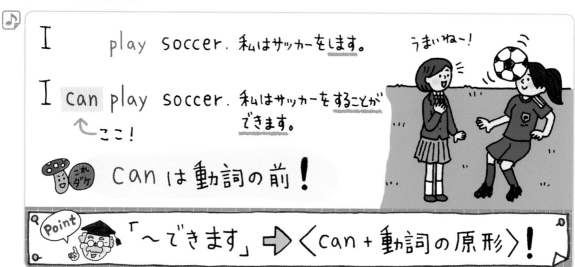

**can** は「〜できる」という意味です。

**can のあとの動詞**は，主語が何であっても**必ず原形**を使います。主語が he や she など，3人称・単数のときでも，動詞に s や es はつけません。また，can 自体も形が変わることはありません。

I / They / Ken } **can** play soccer.

主語が何でも…　　動詞は原形！

主語が3人称・単数のとき，動詞に s や es をつけないように注意しましょう！
× Yuki can speaks English.
○ Yuki can **speak** English.（ユキは英語を話すことができます）

**can** のように，動詞の前に置いて，動詞の意味を助ける語を**助動詞**（じょどうし）といいます。

**助動詞のあとは，必ず動詞の原形**です。

これだけ
チェック！ ●「～（することが）できる」は，
〈can ＋動詞の原形〉で表す！

➡答えは別冊 p.13

**1** ___ に適する語を書きましょう。

(1) 私は泳ぐことができます。

I [_____] swim.

(2) あなたはギターをひくことができます。 （楽器を）ひく：play

You [_____] [_____] the guitar.

(3) トムは日本語を話すことができます。 話す：speak

Tom [_____] [_____] Japanese.

(4) 私の妹はケーキを作ることができます。 cake：ケーキ

My sister [_____] [_____] a cake.

**2** 〔 〕内の語句を並べかえて，英文を作りましょう。

(1) 私は速く走ることができます。 fast：速く

I 〔 run / can / fast 〕.

I _____ .

(2) 私の母は車を運転することができます。 drive：運転する

My mother 〔 drive / a car / can 〕.

My mother _____ .

(3) ケンは上手にサッカーをすることができます。 well：上手に

Ken 〔 can / soccer / play / well 〕.

Ken _____ .

✎ABC 英語で書きましょう。

(1) 私は父を手伝うことができます。 父：father 手伝う：help

_____

(2) 彼女はコンピューターを使うことができます。 コンピューター：a computer 使う：use

_____

# 38 「～できません」「～できますか」

## can の否定文と疑問文  50

次に，can の否定文と疑問文を学習しましょう。

「～できません」と言うときは，can のかわりに **cannot** を使って表します（can not はふつう1語で cannot と表します）。**短縮形の can't** を使うこともできます。

| ふつうの文 | I can play the guitar. | 私はギターをひくことができます。 |
| 否定文 | I cannot play the guitar. | 私はギターをひくことができません。 |

短縮形は can't　原形

Cannot のあとも 動詞は 原形！

ひけない…

「～できますか」とたずねるときは，**can を主語の前に置きます**。たとえば，Can you ～? 「あなたは～できますか」，Can he ～?「彼は～できますか」となります。

答えるときは，**Yes, ～ can.** や **No, ～ can't.** のように can を使って答えます。

| ふつうの文 | He can swim well. | 彼は上手に泳げます。 |
| 疑問文 | Can he swim well? | 彼は上手に泳げますか。 |

主語の前に can　動詞は原形

| 答え方 | Yes, he can. | はい，泳げます。 |
| | No, he can't. | いいえ，泳げません。 |

答えるときも can を使う！

チューイ！

これだけ
チェック！ ●否定文は動詞の前に cannot を置く！
●疑問文は can を主語の前に置く！

→答えは別冊 p.13

① 否定文に書きかえましょう。

(1) I can sing well. （私は上手に歌うことができます） well：上手に

I ☐ sing well.

(2) You can eat this cake. （あなたはこのケーキを食べることができます）

You ☐ ☐ this cake. eat：食べる

(3) Mary can read *kanji*. （メアリーは漢字を読むことができます）

Mary ☐ ☐ *kanji*.

② 疑問文に書きかえ，Yes と No で答える文も書きましょう。

(1) You can play basketball. （あなたはバスケットボールをすることができます）

_____

— Yes, _____ . / No, _____ .

(2) Ms. Green can cook *tempura*. （グリーン先生はてんぷらを作ることができます）

_____

— Yes, _____ . / No, _____ .

(3) Your brother can drive a car.

（あなたのお兄さんは車を運転することができます）

_____

— Yes, _____ . / No, _____ .

英語で書きましょう。

(1) 私はピアノをひくことができません。 ピアノ：piano （楽器を）ひく：play

_____

(2) 彼は英語を話せますか。— いいえ，話せません。 英語：English 話す：speak

_____ — _____

**107**

# 39 「〜してもよいですか」「〜してくれますか」

Can I 〜? / Can you 〜? ♪ 51

最後に，can を使った会話表現を覚えましょう。

Can I 〜? は「〜してもよいですか」と許可を求めるときに使います。

Can you 〜 ? は，「あなたは〜できますか」という意味のほかに，「〜してくれますか」と**依頼**するときにも使います。

答え方は，許可したり，引き受けるときは，
Sure.「もちろん」
All right. / OK.「いいですよ」
などと言います。
　断るときは，I'm sorry.「ごめんなさい」
と言ってから，理由を言います。

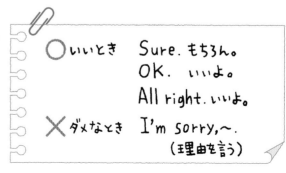

これだけ チェック！ ● 「〜してもよいですか」→ Can I 〜?,
「〜してくれますか」→ Can you 〜?

➡答えは別冊 p.14

**1** ◻に適する語を書きましょう。

(1) このりんごを食べてもいいですか。 apple：りんご

Can ☐ eat this apple?

(2) 窓を閉めてくれますか。 window：窓

Can ☐ close the window?

(3) 私の車を洗ってくれますか。 wash：洗う

☐ ☐ wash my car?

(4) あなたのマンガを読んでもいいですか。 comic book：マンガ本

☐ ☐ read your comic book?

**2** ◻に適する語を書きましょう。

(1) あなたのペンを使ってもいいですか。 — もちろん。 使う：use

☐ ☐ ☐ your pen?

— ☐ .

(2) 手伝ってくれますか。 — すみませんが，今忙しいのです。

☐ ☐ ☐ me? 手伝う：help

— I'm ☐ , but I'm busy now. busy：忙しい

英語で書きましょう。

(1) この箱を運んでくれますか。 箱：box 運ぶ：carry

_____

(2) 音楽を聞いてもいいですか。 〜を聞く：listen to 〜

_____

(3) 私の家に来てくれますか。 家：house 〜に来る：come to 〜

_____

# まとめのテスト

勉強した日　　｜　得点

　　　　月　　日｜　　　／100点

➡答えは別冊 p.14

**1** （　）内から適する語（句）を選び，○で囲みなさい。　　5点×4（20点）

(1)　My father can （ is / speak / speaks ） Chinese.　Chinese：中国語

(2)　Ryoko （ isn't / don't / can't ） play the piano.

(3)　（ Are / Does / Can ） you read this word?　word：単語

(4)　（ Can you / Can I / Do you ） sit here?　sit：すわる　here：ここに
　　— I'm sorry, but you can't.　I'm sorry.：ごめんなさい[すみません]。

**2** 次の文を（　）内の指示にしたがって書きかえなさい。　　7点×4（28点）

(1)　We ski in winter. （「～することができる」 という文に）

_____

　　ski：スキーをする　winter：冬

(2)　Yuji plays basketball well. （「～することができる」 という文に）

_____

　　well：上手に

(3)　Bob can eat *natto*. （否定文に）

_____

(4)　Your mother can use a computer. （疑問文にして，Yes で答える）

_____

　　use：使う　computer：コンピューター

　　— Yes, _____ .

こまった
ときの
ヒント

**1** (1) can のあとの動詞は原形を使う。(2) 「ひけません」 という否定文にする。
　(3) 「読めますか」 という疑問文にする。(4) you can't と返答していることに注目する。
**2** (1) can は動詞の前に置く。(2) can のあとの動詞は原形を使う。
　(3)否定文は，cannot または can't を使う。
　(4)疑問文は can を主語の前に置く。答えるときは can を使う。

# 3 〔 〕内の語句を並べかえて，英文を書きなさい。

7点×4(28点)

(1) 私の兄は数学を教えることができます。

〔 teach / my brother / can / math 〕. math：数学

_____

(2) あなたはあの木が見えますか。

〔 you / that / see / tree / can 〕?

_____

(3) 私は英語の歌を歌うことができません。　sing：歌う

〔 cannot / sing / I / English songs 〕.

_____

(4) 私に夕食を作ってくれますか。　for：〜のために

〔 for / dinner / can / cook / you / me 〕?

_____

 次の日本文を英語にしなさい。

8点×3(24点)

(1) 彼女は車を運転することができません。

_____

運転する：drive

(2) あなたは速く泳げますか。— いいえ，泳げません。

_____ — _____

速く：fast　泳ぐ：swim

(3) このカメラを使ってもいいですか。

_____

カメラ：camera

3 (1) can のあとは動詞の原形を置く。(2) can の疑問文。can で始める。
　(3) can の否定形 cannot を使った文。(4)相手に依頼するときの言い方。
✐ (1) cannot または can't を使う。
　(2)「あなたは」で聞かれたら，「私は」で答える。
　(3)「〜してもいいですか」と相手に許可を求めるときの言い方。

# 40 「〜しています」の文

現在進行形の文

 ここからは，「今〜しています」という進行中の動作を表す言い方を学習しよう。動詞の最後に ing をつけた形を使うよ。

「私は英語を勉強します」は I study English. ですね。

「私は今，英語を勉強しています」は，I am studying English now. と言います。

このように，「今〜しています」と現在進行中の動作を表すときは，現在進行形を使います。

現在進行形は，〈be 動詞（am，are，is）＋動詞の ing 形〉の形で表します。

be 動詞の am，are，is は，主語によって使い分けます。ing 形は，ふつうは動詞の原形に ing をつけます。

 be 動詞の am，are，is は次のように使い分けます（14 ページ，16 ページ参照）。
主語が I → am / you と複数 → are / それ以外（3 人称・単数）→ is

# 練習問題

**これだけ チェック!** ●「〜しています」は, 現在進行形〈be 動詞(am, are, is)＋〜ing 形〉で表す!

➡答えは別冊 p.14

**1** ( )内の動詞を使い, ◻に適する語を書きましょう。

(1) 私は今, テレビを見ています。 (watch)

I ◻◻◻◻ ◻◻◻◻ TV now.

(2) エミは今, ピアノをひいています。 (play)

Emi ◻◻◻◻ ◻◻◻◻ the piano now.

(3) あなたはお母さんを手伝っています。 (help) help：手伝う

You ◻◻◻◻ ◻◻◻◻ your mother.

(4) 彼らは昼食を食べています。 (eat) lunch：昼食

They ◻◻◻◻ ◻◻◻◻ lunch.

**2** 〔 〕内の語を並べかえて, 英文を作りましょう。

(1) 私は今, 理科を勉強しています。 science：理科　study：勉強する

I 〔 science / am / studying 〕 now.

I _____ now.

(2) 彼は今, バスを待っています。 〜を待つ：wait for 〜

He 〔 waiting / is / a bus / for 〕 now.

He _____ now.

英語で書きましょう。

(1) 私は今, 本を読んでいます。 本：book　読む：read

_____ now.

(2) ユウタ(Yuta)は今, 音楽を聞いています。 音楽：music　〜を聞く：listen to 〜

_____ now.

(3) 私たちは今, バレーボールをしています。 バレーボール：volleyball

_____

# ㊵ 注意すべき ing 形

ing 形の作り方，進行形にしない動詞 ♪ 53

動詞の ing 形は，play → playing のようにそのまま ing をつけるのがふつ
うだけど，そうでない動詞もあるよ。ここでは，その作り方を覚えよう。

多くの動詞は，そのまま ing をつけます。

| ふつうはそのまま ing |
| --- |
| play　（〜をする）──→ playing |
| study（勉強する）──→ studying |

♪

use（使う）のように e で終わる動詞は，
最後の e をとって ing をつけます。

| 最後の e をとって ing |
| --- |
| use　　（使う）　──→ using |
| make　（作る）　──→ making |
| have　（食べる）──→ having |
| write （書く）　──→ writing |

♪

run（走る），swim（泳ぐ），sit（すわる）な
どは，最後の文字を重ねて ing をつけます。
　これらは例外なので，ひとつひとつ覚え
ましょう。

| 最後の文字を重ねて ing |
| --- |
| run　（走る）──────→ running |
| swim（泳ぐ）──────→ swimming |
| sit　（すわる）─────→ sitting |
| get（得る、〜になる）──→ getting |

♪

また，進行形では使わない動詞があります。
　have（持っている，飼っている），know（知っている），want（ほしい）などの動詞は，「動
作」ではなく「状態」を表すので，進行形にはしません。

私はトムを知っています。
✕ I am knowing Tom.
◯ I know Tom.

エミは犬を飼っています。
✕ Emi is having a dog.
◯ Emi has a dog.

ただし，have は「食べる」の意味で使うときは，進行形にすることができます。

♪

They are having lunch now.
彼らは今，昼食を食べています。

これだけ
チェック！ ● ing 形には e をとるもの，最後の文字を重ねて ing をつけるものがある！

➡答えは別冊 p.14

**1** 次の動詞を ing 形にしましょう。

(1) write （書く）　　　　　　　　(2) run （走る）

(3) make （作る）　　　　　　　　(4) swim （泳ぐ）

**2** （　）内の動詞を使い，□に適する語を書きましょう。

(1) ケンはコンピューターを使っています。　（use）computer：コンピューター

Ken is ___ a computer.

(2) ユキは公園を走っています。　（run）park：公園

Yuki is ___ in the park.

(3) 母は朝食を作っています。　（make）breakfast：朝食

My mother ___ ___ breakfast.

(4) トムは木の下にすわっています。　（sit）under：～の下に

Tom ___ ___ under the tree.

(5) 私はレポートを書いています。　（write）report：レポート

I ___ ___ a report.

(6) 私たちは夕食を食べています。　（have）dinner：夕食

We ___ ___ dinner.

英語で書きましょう。

(1) 私はサッカーの練習をしています。　サッカー：soccer　練習する：practice

_____ soccer.

(2) 私の父は今，写真をとっています。　写真をとる：take pictures

_____ pictures now.

(3) 彼らはプールで泳いでいます。　プール：pool　泳ぐ：swim

_____ in the pool.

# 42 「～していません」「～していますか」

### 現在進行形の否定文と疑問文

ここでは，現在進行形の否定文・疑問文の作り方を学習しましょう。

「(今)～していません」という現在進行形の否定文は，be 動詞(am，are，is)のあとに **not** を置いて作ります。

| 否定文 | I am not Studying. 私は勉強していません。 |

 be 動詞のあとに not。

 **Point** 「～していません」 ➡ 〈主語＋be動詞＋not＋動詞のing形〉の形！

「(今)～していますか」という現在進行形の疑問文は，be 動詞(am，are，is)を主語の前に置いて作ります。答えるときも be 動詞を使います。

| 疑問文 | Is he studying? 彼は勉強していますか。 |
| 答え方 | Yes, he is. はい，しています。<br>No, he isn't. いいえ，していません。 |

 be動詞を主語の前におく。

 答えるときも be 動詞を使う。

 がんばるぞ！

 **Point** 「～していますか」 ➡ 〈be動詞＋主語＋動詞のing形...?〉の形！

 **ふりカエル**
be 動詞(am，are，is)の文の否定文・疑問文の作り方(22 ページ，24 ページ参照)
否定文は be 動詞のあとに not を置きます。 She is not busy.（彼女は忙しくありません）
疑問文は be 動詞を主語の前に置きます。 Is she busy?（彼女は忙しいですか）

これだけ
チェック！ ● 否定文は be 動詞のあとに not を置く。
● 疑問文は be 動詞を主語の前に置く！

6

現在進行形の文

➡答えは別冊 p.15

**❶** □ に適する語を書きましょう。

(1) 私は今，本を読んでいません。

I am ☐ ☐ a book now.

(2) トムは今，サッカーをしていません。

Tom ☐ ☐ soccer now.

(3) 彼らは部屋をそうじしていません。 そうじする：clean　room：部屋

They ☐ ☐ the room.

**❷** 疑問文に書きかえ，Yes と No で答えましょう。

例 You are helping your mother. （あなたはお母さんを手伝っています）

  Are you helping your mother?

— Yes, I am. / No, I'm not.

(1) You are doing your homework. （あなたは宿題をしています）

_____

— _____ / _____
  homework：宿題

(2) Emi is running in the park. （エミは公園を走っています）

_____

— _____ / _____
  running：run(走る)の ing 形

英語で書きましょう。

(1) 私は今，テレビを見ていません。 テレビを見る：watch TV

_____ now.

(2) ケン(Ken)はギターをひいていますか。 — はい，ひいています。

_____ — _____
  ギター：guitar　ひく：play

**117**

# 43 「何をしていますか」の文

疑問詞で始まる現在進行形の疑問文  55

前回に続いて，疑問文の学習をしましょう。

「(今)何をしていますか」という疑問文は，疑問詞の what で始め，そのあとに「する」という意味の動詞 do の ing 形 doing を使って表します。

疑問文 **What are you doing?** あなたは何をしていますか。

答え方 **I am writing a letter.** 私は手紙を書いています。

答えは，Yes, No を使わず，何をしているかを言います。

**Point** 「何をしていますか」 ⇒ 〈What+be動詞+主語+doing?〉で表す！

doing のかわりにほかの動詞を使うこともできます。

疑問文 **What is she making?**
彼女は何を作っていますか。

答え方 **She is making a cake.**
彼女はケーキを作っています。

「だれが〜していますか」とたずねるときは，Who is 〜ing? と言います。この場合は Who が主語なので，そのまま〈be 動詞＋動詞の ing 形〉が続きます。

答えるときは，〈主語＋ be 動詞 .〉の形を使います。

**Who is singing a song?**
だれが歌を歌っていますか。
**— My brother is.** 私の兄です。

# 練習問題

これだけ
チェック！　●「何をしていますか」は，what で始め，そのあとに doing を使う！

➡答えは別冊 p.15

**1** ▢ に適する語を書きましょう。

(1) あなたは今，何をしていますか。　する：do

What ▢ you ▢ now?

— 私はメールを書いています。　e-mail：メール

— I ▢ ▢ an e-mail.

(2) ケンは今，何をしていますか。

▢ is Ken ▢ now?

— 彼はお父さんを手伝っています。　手伝う：help

— He ▢ ▢ his father.

(3) 彼らは今，何を勉強していますか。

▢ ▢ they ▢ now?

— 彼らは数学を勉強しています。　math：数学

— They ▢ ▢ math.

(4) だれが泳いでいるのですか。— ボブです。　泳ぐ：swim

▢ is ▢ ? — Bob ▢ .


英語で書きましょう。

(1) ユミ(Yumi)は何をしていますか。

_____

— 彼女は食器を洗っています。　食器を洗う：wash the dishes

_____

(2) だれが夕食を作っていますか。　夕食：dinner　作る：cook

_____

— 私の妹です。　妹：sister

_____

# まとめのテスト

| 勉強した日 | 得点 |
|---|---|
| 月　　日 | ／100点 |

➡答えは別冊 p.15

**1** 次の文の____に，（ ）内から適する語(句)を選んで書きなさい。　2点×7(14点)

(1)　I am _____ to music.　( listen / listens / listening )　listen to ～：～を聞く

(2)　They are _____ baseball.　( play / plays / playing )

(3)　She _____ talking with her friend.　( isn't / don't / doesn't )　talk：話す

(4)　I'm not _____ dinner now.　( have / has / having )　dinner：夕食

(5)　Is Jiro _____ his room?　( clean / cleans / cleaning )　room：部屋

(6)　_____ you reading a book?　( Is / Are / Do )　read：読む

(7)　He _____ two cats.　( have / has / are having )

**2** 次の日本文にあうように，____に適する語を書きなさい。　4点×4(16点)

(1)　あなたは今，英語を勉強しているところですか。　勉強する：study

　　_____ you _____ English now?

(2)　私は図書館へ行くところです。　library：図書館

　　I _____ _____ to the library.

(3)　彼は今そのコンピューターを使っていません。　computer：コンピューター　使う：use

　　He _____ _____ the computer now.

(4)　だれがピアノをひいているのですか。

　　_____ _____ playing the piano?

こまった
ときの
ヒント

**1** 現在進行形は〈be 動詞 ＋ 動詞の ing 形〉の形で表す。現在進行形にできない動詞(know, want, like, love など)に注意する。have は意味によって進行形にできるときと，できないときがある。

**2** (1)(3)現在進行形の文は be 動詞の文と同じで，否定文は be 動詞のあとに not を置き，疑問文は be 動詞を主語の前に置く。
(4)「だれが」は who を使う。who は 3 人称・単数の扱い。

# 3 次の文を（　）内の指示にしたがって書きかえなさい。

8点×5（40点）

(1) I write a letter. （現在進行形の文に）write：書く　letter：手紙

_____

(2) We swim in the sea. （現在進行形の文に）swim：泳ぐ　sea：海

_____

(3) He is washing the car. （否定文に）wash：洗う

_____

(4) They are eating lunch. （疑問文にして，Yes で答える）lunch：昼食

_____ ―― _____

(5) Mika <u>is singing</u> now. （下線部をたずねる疑問文に）sing：歌う

_____


次の日本文を英語にしなさい。

10点×3（30点）

(1) トム(Tom)は公園を走っています。

_____

公園：park　走る：run

(2) あなたは今テレビを見ていますか。 ―― いいえ，見ていません。

_____ ―― _____

テレビを見る：watch TV

(3) あなたのお母さんは何を料理しているのですか。

_____

料理する：cook

---

3 (1)(2) ing 形の作り方に注意する。in は「～(の中)で」という意味の場所を表す前置詞。
　(3)(4)否定文，疑問文の作り方は be 動詞の文と同じ。(5)「今何をしていますか」という文にする。
✐ (1)「公園を」は場所を表す前置詞を使う。
　(2)答え方も，be 動詞の文と同じ。
　(3)「あなたのお母さん」は3人称・単数。

# リスニング問題にチャレンジ

answer→答えは 別冊 p.16

**1** 対話を聞き，その内容にあう絵をア〜ウから1つ選び，記号を書きなさい。 🎵 56

(1)

ア　　　　　　　イ　　　　　　　ウ　　　　（　　　）

(2)

ア　　　　　　　イ　　　　　　　ウ　　　　（　　　）

(3)

ア　　　　　　　イ　　　　　　　ウ　　　　（　　　）

**2** 絵は公園の様子を表しています。この絵に関する質問を聞き，その答えとして適切な英文をア〜ウから1つ選び，記号を書きなさい。 🎵 57

(1) ア　Yes, he is.　イ　No, he isn't.　ウ　Under the tree.　（　　　）

(2) ア　Yes, he is.　イ　They are running.　ウ　He is talking with Jim.（　　　）

(3) ア　Tom is.　イ　Mary is.　ウ　Miki is.　（　　　）

# 過去の文

7

ここからは，過去の文について学習しましょう。

「私は昨日，友だちに会いました」のような過去の文は，どう表したらよいでしょうか。

日本語では「〜た」で終われば過去の文になりますが，英語では動詞の形を変えます。この動詞の形を過去形といいます。現在の文と比較しながら学習しましょう。

過去の文 主語＋動詞の過去形〜.「〜しました」

昨日トムに会ったよ。

過　去　　　　　　　　現　在

# 44 「〜しました」の文

一般動詞の過去形 ♪ 58

ここからは，「私はサッカーをしました」のように，過去のことを表す文を学習しよう。現在の文とのちがいに注意しよう。

日本語では，過去の文は，「テニスを<u>した</u>」「手伝いを<u>した</u>」のように形が変わりますね。

英語では，動詞の形を変えて「〜しました」という過去の文を作ります。過去の形は動詞の最後に ed をつけた形を使います。この形を過去形といいます。

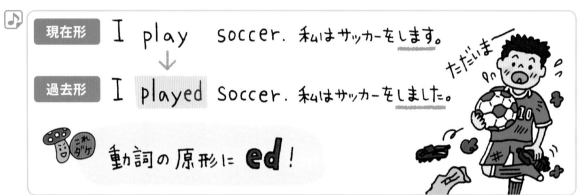

現在形では，主語が変わると，動詞の形が変わることがありましたね。

過去形は，**主語が何であっても，動詞の形は同じ**です。現在形よりも簡単ですね！

 現在形では，主語が I, you 以外の単数のとき，動詞に s や es をつけます（44 ページ，46 ページ参照）。
この形を 3 人称・単数・現在形といいます。（例）　like → likes　go → goes

過去の文では，次のような語句がよく使われるので，いっしょに覚えましょう。

yesterday（昨日）・・・・・・・ yesterday afternoon（昨日の午後）
〜ago（〜前）・・・・・・・・・・・ two days ago（2日前）
last（この前の，昨〜）・・・・・ last Sunday（この前の日曜日）

これだけ
チェック！
●「〜しました」は〈動詞＋ ed〉！
●過去形はいつでも同じ形で使う！

➡答えは別冊 p.16

**1** （　）内の語を適する形にかえて，□□に書きましょう。

(1) 私は昨日，ピアノをひきました。　（play）yesterday：昨日

I □□□□□□ the piano yesterday.

(2) 父は昨年，アメリカを訪れました。　（visit）visit：訪れる　last year：昨年

My father □□□□□□ America last year.

(3) トムは2日前に，タケシに電話をしました。　（call）call：電話をする　ago：〜前に

Tom □□□□□□ Takeshi two days ago.

(4) 彼らはパーティーを楽しみました。　（enjoy）enjoy：楽しむ

They □□□□□□ the party.

**2** 〔　〕内の語を並べかえて，英文を作りましょう。

(1) 私は昨日，音楽を聞きました。　listen to 〜：〜を聞く

I 〔 music / to / yesterday / listened 〕.

I _____ .

(2) エミはこの前の日曜日に夕食を料理しました。　last：この前の　dinner：夕食

Emi 〔 dinner / Sunday / cooked / last 〕.

Emi _____ .

ABC 英語で書きましょう。

(1) 私たちは昨日，ビル(Bill)を手伝いました。　昨日：yesterday　手伝う：help

We _____ .

(2) 私は昨夜，野球の試合を見ました。　昨夜：last night　野球の試合：the baseball game　見る：watch

I _____ .

(3) ケン(Ken)は彼の部屋をそうじしました。　彼の：his　部屋：room　そうじする：clean

# 45 注意すべき過去形

ed のつけ方，不規則動詞  59

動詞の過去形について，もう少しくわしくみてみましょう。

「〜しました」と過去のことを言うときは，play → played のように，動詞に ed をつけて表しましたね。でも，このルールがあてはまらない動詞もあります。

use(使う)のように e で終わる動詞は，d だけをつけます。

use (使う) ⟶ used
live (住んでいる) ⟶ lived
like (好きである) ⟶ liked

study(勉強する)は，語尾の y を i にかえて ed をつけ，studied となります。
stop(止まる)は，最後の文字を重ねて ed をつけ，stopped となります。
この2つはとくにつづりに注意して覚えましょう。

Study (勉強する)
↓
Studied
「y を i にかえて ed!」

Stop (止まる)
↓
Stopped
「p をもうひとつ重ねて ed!」

過去形の中には，go(行く)→ went のように，最後に ed をつけずに変化するものもあります。このような動詞を不規則動詞といいます。
不規則動詞は，過去形の作り方にルールがありません。1つずつ覚えましょう。

おもな不規則動詞

| | | | | |
|---|---|---|---|---|
| go | (行く) ⟶ went | come | (来る) ⟶ came |
| have | (持っている) ⟶ had | make | (作る) ⟶ made |
| See | (見る) ⟶ Saw | get | (得る) ⟶ got |
| take | (取る) ⟶ took | read | (読む) ⟶ read |

read はつづりは同じだけど，原形は [ríːd リード]，過去形は [red レッド] と発音するよ。

# 練習問題

**これだけ チェック!** ● use → used, study → studied, 不規則動詞の過去形に注意する!

➡答えは別冊 p.16

**1** 次の動詞の過去形を書きましょう。

(1) like （好きである） _____

(2) use （使う） _____

(3) study （勉強する） _____

(4) stop （止まる） _____

(5) come （来る） _____

(6) make （作る） _____

(7) see （見る, 会う） _____

(8) read （読む） _____

**2** （ ）内の語を適する形にかえて, _____ に書きましょう。

(1) 彼らは去年, オーストラリアに住んでいました。 （live） Australia：オーストラリア  last year：去年

They _____ in Australia last year.

(2) ケンは昨日, 公園へ行きました。 （go）

Ken _____ to the park yesterday.

(3) 私はけさ6時に起きました。 （get） get up：起きる

I _____ up at six this morning.

(4) 彼女は10年前, 犬を飼っていました。 （have） ago：〜前に

She _____ a dog ten years ago.

(5) 私たちは公園で写真をとりました。 （take） take pictures：写真をとる

We _____ pictures in the park.

英語で書きましょう。

(1) 私は昨日, ケーキを作りました。 昨日：yesterday  ケーキ：cake  作る：make

_____

(2) トモコ(Tomoko)は昨夜, そのメールを読みました。 昨夜：last night  読む：read  メール：e-mail

_____

(3) 私たちは5日前にトム(Tom)に会いました。 〜前に：ago  会う：see

_____

# ㊻「〜しませんでした」の文

### 一般動詞の過去の否定文 ♪ 60

ここでは，「私は昨日サッカーをしませんでした」のような，過去の否定文を学習しよう。

　**過去の否定文**は，動詞の前に **did not**（短縮形は **didn't**）をつけて作ります。did は do や does の過去形です。

　そして，**あとの動詞は必ず原形**（変化する前のもとの形）にします。

**ふつうの文** I watched TV yesterday.
私は昨日テレビを見ました。

**否定文** I didn't watch TV yesterday.
動詞の前に didn't　　原形　　私は昨日テレビを見ませんでした。

didn't のうしろは
動詞の原形！

**Point**　「〜しませんでした」 ⇨ 〈主語＋didn't＋動詞の原形〉の形！

　「〜しません」という現在の否定文では，主語によって do not（短縮形は don't）や does not（短縮形は doesn't）を使いましたね。

　しかし，過去の否定文では，**主語が何であっても did not[didn't]** を使います。

**現在の文**
I don't watch TV.
↓
Ken doesn't watch TV.

主語によって don't と doesn't を使い分ける！

**過去の文**
I didn't watch TV.
↓
Ken didn't watch TV.

主語が変わっても didn't は同じ！

これだけ チェック！ ●否定文は〈did not [didn't] ＋動詞の原形〉で表す！

➡答えは別冊 p.16

❶ 否定文に書きかえましょう。

(1) I helped my mother. （私は母を手伝いました） help：手伝う

I _____ not help my mother.

(2) Emi visited her aunt. （エミはおばさんを訪問しました） visit：訪問する　aunt：おば

Emi _____ _____ visit her aunt.

(3) He got on the train. （彼はその電車に乗りました）

He _____ _____ on the train.

got は get の過去形。get on 〜：〜に乗る

(4) Tom came to school yesterday. （トムは昨日，学校に来ました）

Tom _____ _____ to school yesterday.

❷ 〔 〕内の語を並べかえて，英文を作りましょう。

(1) 私は昨夜，勉強しませんでした。　last night：昨夜

〔 study / last / did / I / not 〕 night.

_____ night.

(2) タケシはけさ，朝食を食べませんでした。　this morning：けさ

Takeshi 〔 breakfast / this / didn't / have 〕 morning.

Takeshi _____ morning.

(3) 私たちは昨日，図書館へ行きませんでした。　library：図書館

We 〔 go / the library / didn't / to 〕 yesterday.

We _____ yesterday.

英語で書きましょう。

(1) 私たちは昨日，この部屋を使いませんでした。　昨日：yesterday　部屋：room　使う：use

_____

(2) クミ(Kumi)は先週，バスケットボールをしませんでした。　先週：last week　バスケットボール：basketball

129

# 47 「～しましたか」の文

一般動詞の過去の疑問文  61

否定文に続いて，過去の疑問文の作り方を学習しましょう。

「～しましたか」という**過去の疑問文**は，**did** を使って作ります。did は do や does の過去形です。過去の疑問文も否定文と同じように，**動詞は必ず原形にします**。

| ふつうの文 | Ken worked yesterday. ケンは昨日，働きました。 |

| 疑問文 | Did Ken work yesterday? ケンは昨日，働きましたか。 |

主語の前に did ↑　　　　↑原形

| 答え方 | Yes, he did. はい，働きました。 |

No, he didn't.
いいえ，働きませんでした。

♪今日は休日～♪

コレダッケ

答えるときも did！

**Point** 「～しましたか」 ⇨ 〈Did+主語+動詞の原形…？〉の形！

答えるときも，did を使います。**Yes, ～ did. / No, ～ didn't.** と言います。

現在の疑問文では，主語によって do と does を使い分けましたね。**過去の疑問文**では，**主語が何であっても did を使います**。

過去の疑問文や否定文では，**動詞を原形にする**のを忘れないようにしましょう。

| 現在の文 | Do you work? ↓ Does Ken work? | 過去の文 | Did you work? ↓ Did Ken work? |

主語によって do と does を使い分ける!!

主語が変わっても did は同じ!!

これだけ チェック！　　●疑問文は主語の前に **did** を置き，あ
との動詞を原形にする！

➡答えは別冊 p.17

**1** 疑問文に書きかえましょう。

(1) You walked to school. （あなたは学校へ歩いて行きました）

◻◻◻◻ you walk to school?　walk to：〜へ歩いて行く

(2) Bob took pictures. （ボブは写真をとりました）took は take の過去形。picture：写真

◻◻◻◻ Bob ◻◻◻◻ a picture?

(3) Mary saw Tom. （メアリーはトムに会いました）saw は see の過去形。

◻◻◻◻ Mary ◻◻◻◻ Tom?

(4) He studied English. （彼は英語を勉強しました）studied は study の過去形。

◻◻◻◻ ◻◻◻◻ ◻◻◻◻ English?

(5) They came to the party. （彼らはパーティーに来ました）came は come の過去形。

◻◻◻◻ ◻◻◻◻ ◻◻◻◻ to the party?

**2** 疑問文に Yes と No で答える文を書きましょう。

例 Did you watch TV? （あなたはテレビを見ましたか）

— Yes, I did. / No, I didn't.

(1) Did Mr. Ito read the book? （伊藤先生はその本を読みましたか）read：読む

— _____ / _____

(2) Did your mother make a cake? （あなたのお母さんはケーキを作りましたか）

— _____ / _____

英語で書きましょう。

(1) あなたは昨日，野球をしましたか。— はい，しました。　野球：baseball

_____ yesterday? — Yes, _____ .

(2) 彼女は公園へ行きましたか。— いいえ，行きませんでした。　公園：park

_____ — No, _____ .

131

# 48 「何をしましたか」の文

## 疑問詞を使った過去の疑問文　♪62

　最後に,「何をしましたか」とか「どこへ行きましたか」のような, 疑問詞で始まる過去の疑問文をみてみましょう。

　「あなたは何をしましたか」とたずねる文を作ってみましょう。

　まず, 疑問詞はいつでも文の最初(→ p.52)なので, What(何を)で始まりますね。そのあとに,「あなたはしましたか」にあたる did you do? を続けて作ります(do は「する」という意味の動詞でしたね)。

　答えるときは, 何をしたかを具体的に言います。**過去形の動詞を使って答えましょう。**

疑問文　What did you do yesterday? あなたは昨日,何をしましたか。
疑問詞　　動詞は原形

答え方　I played baseball. 私は野球をしました。
過去形

過去形で答えよう。

**Point** 「〜は何をしましたか」 ⇒ 〈What did + 主語 + do?〉で表す!

　疑問詞(what)や主語(you), 動詞(do)をほかの単語にかえると, もっといろいろなことをたずねることができますよ。

| What 何を | did | you あなたは | do? しましたか。 |
|---|---|---|---|
| ↓ | ↓ | ↓ | ↓ |
| When いつ | did | they 彼らは | see Mika? ミカを見ましたか。 |
| Where どこで | did | he 彼は | find the key? かぎを見つけましたか。 |
| How どうやって | did | she 彼女は | make this? これを作ったのですか。 |

いつ だれが

これだけ
チェック！ ● 「何をしましたか」は What did 〜
do？ 疑問詞のあとは疑問文の語順！

➡答えは別冊 p.17

**❶** □□□に適する語を書きましょう。

(1) あなたはこの前の日曜日に何をしましたか。 — 私はテニスをしました。

　　□□□□ did you do last Sunday? — I □□□□ tennis.
　　last Sunday：この前の日曜日

(2) リサはいつ中国を訪れましたか。 — 彼女は先週，中国を訪れました。

　　□□□□ □□□□ Lisa visit China? visit：訪れる　China：中国

　　— She □□□□ China last week. last week：先週

(3) あなたは昨日，どこへ行きましたか。 — 私は博物館へ行きました。

　　□□□□ □□□□ you go yesterday? yesterday：昨日

　　— I □□□□ to the museum. museum：博物館，美術館

**❷** 〔 〕内の語を並べかえて，英文を作りましょう。

(1) あなたはいつトムに会いましたか。 see：会う

　　〔 see / did / when / you 〕Tom?

　　_____ Tom?

(2) エミは昨夜，何を勉強しましたか。 last night：昨夜

　　〔 study / did / Emi / what 〕last night?

　　_____ last night?

(3) 彼らはどこでその映画を見ましたか。

　　〔 they / watch / where / did 〕the movie?

　　_____ the movie?

**✎ABC** 英語で書きましょう。

(1) あなたは昼食に何を食べましたか。 昼食に：for lunch　食べる：eat

　　_____ for lunch?

(2) 彼女はどのようにしてあなたの家へ来ましたか。 どのようにして：how　家：house

　　_____ house?

# 49 「〜でした」の文

be動詞の過去形  63

 一般動詞の過去形については理解できたかな。ここからは，be動詞（am, are, is）の過去形について習おうね。

「〜でした」と過去のことを言うときは，be動詞を過去形にします。be動詞の過去形には，wasとwereがあります。

| 現在の文 | It is rainy today. 今日は雨です。 現在形 |
| 過去の文 | It was sunny yesterday. 昨日は晴れでした。 過去形 |

今日 / 昨日

be動詞は，現在の文では，主語によってam, are, isの3つを使い分けましたね。
過去の文では，wasとwereの2つを主語によって使い分けます。
主語がI，3人称・単数ならwas，主語がyouと複数ならwereを使います。

| 主語がI | I was tired. 私は疲れていました。 現在の文ではam |
| 主語が3人称・単数 | Ken was tired. ケンは疲れていました。 現在の文ではis |
| 主語がyou・複数 | We were tired. 私たちは疲れていました。 現在の文ではare |

過去形は，amとis → was are → were だよ！

  be動詞は，後ろに場所を表す語句がきて，「（〜に）いる」という意味でも使われます。
I was in Osaka yesterday. （私は昨日，大阪にいました）
They were in Tokyo last week. （彼らは先週，東京にいました）

これだけ チェック! ● 「〜でした」「(〜に)いました」は, be 動詞の過去形 was, were で表す！

➡答えは別冊 p.17

**1** ___ に, was, were のうち適する語を書きましょう。

(1) 私は昨夜, とても疲れていました。 last night：昨夜 tired：疲れた

I _____ very tired last night.

(2) これらの本はおもしろかったです。 these：これらの interesting：おもしろい

These books _____ interesting.

(3) 私の姉は去年, 高校生でした。 last year：去年 a high school student：高校生

My sister _____ a high school student last year.

(4) その子どもたちは昨日, 楽しかったです。 children：child(子ども)の複数形 happy：楽しい

The children _____ happy yesterday.

**2** 〔 〕内の語を並べかえて, 英文を作りましょう。

(1) 昨日はとても暑かったです。 hot：暑い

〔 hot / was / very / it 〕 yesterday.

_____ yesterday.

(2) 私たちはこの前の日曜日に東京にいました。 last Sunday：この前の日曜日 in Tokyo：東京に

〔 were / in / we / Tokyo 〕 last Sunday.

_____ last Sunday.

英語で書きましょう。

(1) 私の父は有名な歌手でした。 有名な：famous 歌手：singer

My father _____ .

(2) ボブとマイクは昨日, 京都(Kyoto)にいました。 京都に：in Kyoto

Bob and Mike _____ .

# 50 「～ではありませんでした」「～でしたか」

### be 動詞の過去の否定文・疑問文 ♪ 64

ここでは，過去を表す be 動詞の否定文・疑問文を習いましょう。

「～ではありませんでした」という be 動詞の過去の否定文は，was, were のあとに
**not** を置きます。was not, were not の短縮形は，**wasn't, weren't** です。

| ふつうの文 | I was busy yesterday. | 私は昨日，忙しかったです。 |

┌── be 動詞のあと

| 否定文 | I was not busy today. | 私は今日，忙しくありませんでした。 |

└─ 短縮形は wasn't

否定文は，was や were の
あとに **not** を置くだけ！

今日は塾に
行かないもん

**これも
タイせつ**
「～にいませんでした」というときも，was, were のあとに not を置きます。
The students were <u>not</u> in the gym. (生徒は体育館にいませんでした)
└─短縮形は weren't

「～でしたか」という be 動詞の過去の疑問文は，was, were を主語の前に置きます。
答えるときは，Yes, No のあとに was または were を使います。

| ふつうの文 | Yuki was sick yesterday. | ユキは昨日，病気でした。 |

主語の前

| 疑問文 | Was Yuki sick yesterday? | ユキは昨日，病気でしたか。 |
主語

| 答え方 | Yes, she was. | はい，病気でした。 |
| | No, she wasn't. | いいえ，病気ではありませんでした。 |

Was [Were] ～？でたずね，
答えるときも
Was [Were] を使うよ！

**これも
タイせつ**
疑問詞を使った be 動詞の疑問文は，疑問詞で始め，あとに be 動詞の疑問文を続けます。
Where were you last week? — We were in Fukuoka.
└─文の最初 　　（あなたたちは先週どこにいましたか。―私たちは福岡にいました）

これだけ
チェック！ ●否定文は was, were のあとに not を置く！
●疑問文は was, were を主語の前に置く！

➡答えは別冊 p.17

**1**  □に適する語を書きましょう。

(1) 私の父は先週，忙しくありませんでした。  last week：先週  busy：忙しい

My father ⬜ ⬜ busy last week.

(2) これらの問題は簡単ではありませんでした。  question：問題  easy：簡単な

These questions ⬜ ⬜ easy.

(3) メアリーは昨日，家にいませんでした。  at home：家に

Mary ⬜ at home yesterday.

**2**  疑問文に書きかえ，Yes と No で答えましょう。

(1) It was rainy in Osaka yesterday.  （昨日，大阪は雨でした）

⬜ ⬜ rainy in Osaka yesterday?  rainy：雨の

— Yes, ⬜ ⬜ . /

No, ⬜ ⬜ .

(2) The books were interesting.  （それらの本はおもしろかったです）

⬜ the ⬜ interesting?  interesting：おもしろい

— Yes, ⬜ ⬜ . /

No, ⬜ ⬜ .

**3**  〔　〕内の語句を並べかえて，英文を作りましょう。

(1) 昨夜は寒くありませんでした。  last night：昨夜  cold：寒い

〔 not / cold / it / was 〕 last night.

_____ last night.

(2) あなたはこの前の日曜日にその部屋にいましたか。  in the room：その部屋に

〔 you / in / were / the room 〕 last Sunday?

_____ last Sunday?

# 51 「〜していました」の文

### 過去進行形の文  65

ここでは,「〜していました」という文を習おうね。これは,過去のあるときに行われていた動作を表すときに使うものだよ。

「〜しています」という現在進行中の動作を表す文を覚えていますか? 〈be動詞(am, are, is)＋動詞のing形〉の形で表し,現在進行形といいましたね。

これに対して,「〜していました」は,過去のある時点に行われていた動作を表す文です。〈be動詞の過去形(was, were)＋動詞のing形〉の形で表します。この形を過去進行形と言います。現在進行形とbe動詞の形が変わるだけで,動詞のing形は同じですね。だから,難しくないですよ。

---

**現在進行形**

I am watching TV now.
〈am, are, is ＋ 動詞のing形〉
私は今テレビを見ています。

**過去進行形**

I was studying two hours ago.
〈was, were ＋ 動詞のing形〉
私は2時間前,勉強していました。

**Point** 過去進行形「〜していました」 ⇒ 〈was[were]＋動詞のing形〉で表す!

---

動詞のing形の作り方は114ページで確認しておきましょう。多くの動詞は,最後にingをつけるだけですが(①),注意が必要なものもあります(②,③)。

❶ そのままingをつける　　　　　　(例) study(勉強する)→ studying
❷ 最後のeをとってingをつける　　(例) make(作る)──→ making
❸ 最後の文字を重ねてingをつける (例) run (走る)──→ running

これだけ チェック! ➡ ● 「～していました」は〈was[were] ＋動詞の ing 形〉で表す!

➡答えは別冊 p.18

**1** （　）内の動詞を使い，☐に適する語を書きましょう。

(1) 私は英語を勉強していました。（study） study：勉強する

I ☐☐ English.

(2) ケンはお母さんを手伝っていました。（help） help：手伝う

Ken ☐☐ his mother.

(3) 私たちはサッカーをしていました。（play） play soccer：サッカーをする

We ☐☐ soccer.

(4) 私の父は写真をとっていました。（take） take a picture：写真をとる

My father ☐☐ a picture.

(5) エリとタクは夕食を食べていました。（have） have dinner：夕食を食べる

Eri and Taku ☐☐ dinner.

(6) 私たちは川で泳いでいました。（swim） swim：泳ぐ　river：川

We ☐☐ in the river.

**2** ［　］内の語を並べかえて，英文を作りましょう。

(1) リサは音楽を聞いていました。 music：音楽　listen to ～：～を聞く

［ Lisa / to / listening / was ］ music.

_____ music.

(2) 私は姉といっしょに昼食を作っていました。 lunch：昼食　making：make(作る)の ing 形

［ making / I / was / lunch ］ with my sister.

_____ with my sister.

(3) 彼らは公園を走っていました。 in the park：公園で　running：run(走る)の ing 形

［ in / running / they / were ］ the park.

_____ the park.

# 52 「〜していませんでした」「〜していましたか」

### 過去進行形の否定文と疑問文  66

ここでは，過去進行形の否定文と疑問文を習いましょう。

「〜していませんでした」という過去進行形の否定文は，be 動詞の過去形（was, were）のあとに not を置いて作ります。

**否定文** Eri was not running then. エリはそのとき走っていませんでした。
└ be 動詞のあと

was, were のあとに
**not** をつけるだけ！ これだ ゲ

ふり
カエル
否定文では，短縮形の wasn't, weren't もよく使われる（136 ページ参照）。
Eri was not studying. 　　We were not studying then.
　　　wasn't 　　　　　　　　　weren't

「〜していましたか」という過去進行形の疑問文は，be 動詞の過去形（was, were）を主語の前に置いて作ります。答えるときも be 動詞を使います。

**疑問文** Was ken studying then? ケンはそのとき勉強していましたか。
└ 主語の前

またサボって！

**答え方** Yes, he was. 　はい，勉強していました。
No, he wasn't. いいえ，勉強していませんでした。

疑問文は Was [Were] で始める！
Was [Were] を使って答える！

「何をしていましたか」というたずね方も覚えましょう。疑問詞 what で始め，過去進行形の疑問文を続けます。答えるときは具体的に言います。

What were you doing then?
文の始め — I was eating lunch.
私は昼食を食べていました。

➡答えは別冊 p.18

これだけ チェック！ ▶ ●否定文は was, were のあとに not を置く！
●疑問文は was, were を主語の前に置く！

**1** 否定文に書きかえましょう。

(1) I was doing my homework.（私は宿題をしていました） do my homework：宿題をする

I ☐ ☐ doing my homework.

(2) We were cleaning the room. （私たちはその部屋をそうじしていました）

We ☐ ☐ cleaning the room. clean：そうじする

(3) Tom was using the computer. （トムはコンピューターを使っていました）

Tom ☐ ☐ the computer. using：use（使う）の ing 形

(4) They were watching TV then. （彼らはそのときテレビを見ていました）

They ☐ ☐ TV then. then：そのとき

**2** ☐に適する語を書きましょう。

(1) あなたのお兄さんは公園を走っていましたか。 走る：run

— はい，走っていました。 / いいえ，走っていませんでした。

☐ your brother ☐ in the park?

— Yes, ☐ ☐ . /

No, ☐ ☐ .

(2) 彼らはそのときテニスをしていましたか。 play tennis：テニスをする

— はい，していました。 / いいえ，していませんでした。

☐ they ☐ tennis then?

— Yes, ☐ ☐ . /

No, ☐ ☐ .

(3) あなたはそのとき何をしていましたか。

— 私はメールを書いていました。 write an e-mail：メールを書く

☐ were you ☐ then?

— I ☐ ☐ an e-mail.

# まとめのテスト

勉強した日 ｜ 得点

月　　日 ｜ ／100点

➡答えは別冊 p.18

## 1 次の動詞の過去形を書きなさい。　　　　1点×8(8点)

(1) enjoy ☐　　　　(2) use ☐

(3) stop ☐　　　　(4) get ☐

(5) come ☐　　　　(6) take ☐

(7) read ☐　　　　(8) eat ☐

## 2 次の日本文にあうように，☐に適する語を書きなさい。　4点×7(28点)

(1) 私たちは昨日，野球をしました。

We ☐ baseball yesterday.

(2) 彼は 10 年前，カナダに住んでいました。　ago：〜前に

He ☐ in Canada ten years ago.

(3) 私は今朝，早起きをしませんでした。　this morning：けさ　early：早く

I ☐ ☐ up early this morning.

(4) あなたはこの前の日曜日にあなたの部屋をそうじしましたか。　last：この前の〜

☐ you ☐ your room last Sunday?

(5) その本はおもしろかったです。　interesting：おもしろい

The book ☐ interesting.

(6) 私たちは昨日，忙しかったです。　busy：忙しい

We ☐ busy yesterday.

(7) 私はそのとき音楽を聞いていました。　listen to 〜：〜を聞く　then：そのとき

I ☐ ☐ to music then.

こまった
ときの
ヒント

**1** (1)〜(3)は規則動詞。(4)〜(8)は不規則動詞。
**2** (1)「(スポーツを)する」は play。(2) live は語尾が e で終わっている。(3)「起きる」は get up。
一般動詞の過去の否定文は，〈didn't[did not]＋動詞の原形〜〉の形。(4)一般動詞の過去の疑問文は，
〈Did＋主語＋動詞の原形〜 ?〉の形。(5)(6) be 動詞の過去形 was，were を使う。(7)過去進行形は，
〈was[were]＋動詞の ing 形〉。

142

# 3 次の文を（ ）内の指示にしたがって書きかえなさい。

6点×4(24点)

(1) Yui sees her aunt <u>today</u>. （下線部を yesterday にかえた文に）

_____

aunt：おば

(2) I went to the library last Saturday. （否定文に）

_____

go to ～：～に行く　library：図書館

(3) Mr. Ito made a cake last night. （疑問文にして，Yes で答える文も）

_____ — Yes, _____ .

make a cake：ケーキを作る　last night：昨夜

(4) He visited America <u>last year</u>. （下線部をたずねる疑問文に）

_____

「彼はいつアメリカを訪れましたか」という文に。

# 次の日本文を英語にしなさい。

8点×5(40点)

(1) クミは昨日，英語を勉強しました。

Kumi _____ .

勉強する：study

(2) 私は 3 年前，ネコを飼っていました。

I _____ .

3年前：three years ago　飼う：have

(3) あなたは昨夜テレビを見ましたか。— いいえ，見ませんでした。

_____ — No, _____ .

テレビを見る：watch TV

(4) 彼らは放課後，何をしましたか。

_____

放課後：after school

(5) [(4)への返事として]　彼らの先生を手伝いました。

_____

手伝う：help

---

3 (1) see は不規則動詞。(2)〜(4)一般動詞の過去の否定文，疑問文では，did を使う。
(3)答えの文では，Mr. Ito を 1 語の代名詞で言いかえる。
(4)時をたずねるときは，「いつ」という意味の when を使う。
(1)〈主語＋動詞＋〜を〉の順。study の過去形は，y を i にかえて ed をつける。
(2) have は不規則動詞。(3)「昨夜」→「この前の夜」。(4)(5)疑問詞を使った文は，〈疑問詞＋ did ＋主語＋動詞の原形〜 ?〉の形。答えの文で，主語を忘れずに。

# リスニング問題にチャレンジ

→答えは
別冊 p.19

1 絵についての質問を聞き，それに対する答えをア～エから1つ選び，記号を書きなさい。

♪ 67

(1)
ア　I was cleaning my room.
イ　I clean my room on Sundays.
ウ　Yes, I did.
エ　No, I didn't.

（　　）

(2)
ア　Yes, I did.
イ　No, I didn't.
ウ　I watched TV.
エ　I studied math.

（　　）

(3)
ア　Yes, I am.
イ　No, I'm not.
ウ　Yes, I was.
エ　No, I wasn't.

（　　）

2 放送を聞き，内容にあった順序に絵を並べかえ，その記号を書きなさい。 ♪ 68

ア→(1)(　　) → (2)(　　) → (3)(　　) → (4)(　　) → (5)(　　)

ア

イ

ウ

エ

オ

カ

改訂版

# わからないを
# わかるにかえる
# 中1英語

## 解 答 と 解 説

文理

● [ ]は別の答えを，( )は省略できる答えを示しています。

# 1 あいさつ・自己しょうかい ----- p.7

❶ (1)エ　(2)オ　(3)カ　(4)ウ

**ポイント** (3)夕方から夜のあいさつで使います。
(4) I'm from ～. で「私は～出身です」。

✎ (1) I'm[I come] from America.
(2) I play the recorder
(3) I like science.

**ポイント** (2)「(楽器を)演奏する」は I play the ～. と play のあとに the が必要です。

# 2 道をたずねる ----- p.9

❶ (1) park　　(2) library
(3) museum　(4) station

❷ (1)×　　　(2)×

**ポイント** (1)絵では，郵便局は真っすぐに行って右に曲がったところにあります。turn left (左に曲がる)と言っているので，×です。
(2)絵では，警察署は真っすぐに行って最初の角を左に曲がったところにあります。turn right at the second corner(2番目の角を右に曲がる)と言っているので×です。

✎ Where is the hospital?
Go straight for one block.

# 3 したいこと・なりたい職業 ----- p.11

❶ (1)イ　(2)エ　(3)オ

**ポイント** それぞれの意味は，(1)「私はオーストラリアに行きたいです」，(2)「私は美術部に入りたいです」，(3)「私は新しい自転車を買いたいです」です。

❷ (1) do you want to do
(2) do you want to be /
want to be a singer

**ポイント** したいことをたずねるときは，What do you want to do?，なりたい職業をたずねるときは，What do you want to be (in the future)? と言います。

▶ **リスニング問題にチャレンジ** p.12

❶ (1)ア　(2)イ　(3)ウ

❷ (1)オーストラリア　(2)ピアノをひく
(3)テニス

**ポイント** ❶ 場面ごとによく使われる表現があります。(2) Nice to meet you. は「はじめまして」という意味です。
❷ 出身地や好きなことに注意して聞きましょう。I want to join ～ club. は「私は～部に入りたいです」という意味です。

**放送文** ・・・・・・・・・・・・・・・・・・・・・・

❶ (1) A: Hi, Ken. How are you?
　 B: I'm fine. Thank you.
(2) A: Hi. My name is Kumi Sato.
　　 Nice to meet you.
　 B: I'm Mike Brown. Nice to meet you, too.
(3) A: Excuse me. Where is the station?
　 B: Go straight along this street.

❷ Hello, everyone. I'm Jane Smith. I'm from Australia. I like music. I play the piano every day. I like tennis, too. I want to join the tennis club.

# 4 「私は～です」「あなたは～です」 ----- p.15

❶ (1) am　　(2) are　　(3) I am
(4) You are　(5) I'm　　(6) You're

❷ (1) I am Takuya.
(2) You are Mary.

✎ (1) I'm[I am] Tanaka Yoshio.
(2) You're[You are] Suzuki Eriko.

**ポイント** 動詞は，主語が I のときは am，you のときは are を使います。
名前は日本語式に「姓＋名」の順でも，英語式に「名＋姓」の順でも，どちらを使ってもかまいません。

# 5 「彼[彼女]は~です」「これ[あれ]は~です」
------------------------------------------- p.17
❶ (1) is (2) is (3) is
(4) She is (5) This is (6) That's
❷ (1) She is a student.
(2) This is Ms. White.
(3) Your desk is big.
**ポイント** 主語が I, you 以外の単数(1人, 1つ)のとき, be 動詞は is を使います。
This is ~., That is ~. は「こちらは~です」「あちらは~です」と人を紹介するときにも使います。また, this は近くの人やもの, that は遠くの人やものをさすときに使います。

# 6 主語が複数の文
------------------------------------------- p.19
❶ (1) are (2) are
(3) are (4) are
(5) They are (6) They are
❷ (1) We are from Japan.
(2) Tom and Mike are tall.
**ポイント** 主語が複数(2人[2つ]以上)のとき, be 動詞は are を使います。
✏ (1) We are thirteen (years old).
(2) They are Japanese.

# まとめのテスト
·················· p.20 ~ 21
1 (1) am (2) are (3) is
(4) is (5) are (6) are
2 (1) You are (2) This is
(3) He is (4) I'm
(5) You're (6) That's
**ポイント** (4)(5)(6)は空所が1つしかないので, 短縮形を使います。それぞれ, I am, You are, That is の短縮形です。
3 (1) You are a baseball fan.
(2) Bob and Ken are kind.
(3) We are in Tokyo.
(4) She's fourteen.

✏ (1) I'm Kumi.
(2) You're from Canada.
(3) He is my father.
(4) They're in Osaka.

# 7 「~ではありません」の文
------------------------------------------- p.23
❶ (1) not (2) not (3) are not
(4) isn't (5) I'm not (6) isn't
(7) aren't
❷ (1) I am not busy.
(2) That's not my bike.
(3) They aren't from Hokkaido.
**ポイント** 否定文は am, are, is のあとに not を置いて作ります。
I am not → I'm not, He is not → He's not または He isn't のように短縮形を使うことが多いので, 短縮形をしっかり覚えましょう。

# 8 「~ですか」の文
------------------------------------------- p.25
❶ (1) Are (2) Is
(3) Are they (4) Is that
**ポイント** 疑問文は am, are, is を主語の前に置いて作ります。クエスチョンマーク(?)のつけ忘れが多いので, 注意しましょう。
❷ (1) Are you (2) Is he
(3) Are these
**ポイント** (3)「これら」は this の複数形の these を使います。
✏ (1) Are you a teacher?
(2) Is this your book?
(3) Are they from America?

3

## 9 「～ですか」の文への答え方 p.27

**❶**
(1) No, I'm not.
(2) Yes, he is.
(3) No, she isn't.
(4) Yes, they are.

**ポイント** 疑問文の主語が you なら I で，男性 1 人なら he で，女性 1 人なら she で答えます。(4)は「ボブとエミ」なので，they(彼ら)を使います。

**❷**
(1) Yes, I am.
No, I'm not[I am not].
(2) Yes, it is.
No, it isn't[is not].
(3) Yes, she is.
No, she isn't[is not].

**ポイント** (2) this は答えるときは it を使います。

## 10 「～は何ですか」の文と答え方 p.29

**❶**
(1) What / It
(2) What is / It is
(3) What's / It's
(4) What's / It's

**❷**
(1) What is this?
It is an apple.
(2) What is that?
It is a dog.

**✎**
(1) What is this?
It is an egg.
(2) What is that?
It is a picture.
(3) What's that?
It's my bike.

## まとめのテスト p.30～31

**1**
(1) am not (2) are not
(3) isn't (4) aren't

**2**
(1) Are you (2) Is he
(3) Is that (4) Are these

**3**
(1) it is (2) I'm not
(3) It's

**4**
(1) I'm not a baseball player.
(2) Are you from China?
(3) Tom and Mike aren't brothers.
(4) What is this?

**✎**
(1) He is not a student.
(2) Is that your bike? / Yes, it is.
(3) We aren't[We're not] in Osaka.
(4) What's that? / It is a bag.

## ▶リスニング問題にチャレンジ p.32

**❶**
(1)イ (2)ウ (3)オ (4)カ

**ポイント** be 動詞のあとの語句に注意して聞きましょう。
(3) not があるときは「～でない」という意味の否定文です。

**❷**
(1)ウ (2)ア

**ポイント** A の質問に対する B の答えに注意して聞きましょう。(2) What's は What is の短縮形です。

### 放送文

**❶**
(1) She is a music teacher.
(2) They are good friends.
(3) That's not a desk. It's a chair.
(4) These are my pencils.

**❷**
(1) A: Are you from France?
B: Yes, I am.
(2) A: What's that?
B: It's my violin.

4

# 11 「〜します」の文 ----- p.35

❶ (1) play　　(2) like　　(3) speak
　(4) know　　(5) read
❷ (1) I use a computer.
　(2) You have a dog.
　(3) I want water.
✎ (1) I like soccer.
　(2) You study English
　(3) I make breakfast.
**ポイント** 日本語は,「だれが」→「何を」→「どうする」の語順ですが, 英語では,「だれが」→「どうする」→「何を」の語順になることに注意しましょう。

# 12 「〜しません」の文 ----- p.37

❶ (1) do not　　(2) do not
　(3) don't　　(4) don't speak
**ポイント** 「〜しません」というときは, 動詞の前に do not を置きます。do not の短縮形は don't です。
❷ (1) do not study Chinese
　(2) don't know your mother
　(3) don't like Japanese food
✎ (1) I don't[do not] play tennis.
　(2) You don't[do not] use a pen.

# 13 「あなたは〜しますか」の文 ----- p.39

❶ (1) Do　　　　(2) Do, have
　(3) Do, speak　　(4) Do you know
**ポイント** 「〜しますか」というときは, 主語の前に Do を置きます。
❷ (1) Yes, I do. / No, I don't.
　(2) Yes, they do. / No, they don't.
✎ (1) Do you use this bag?
　　Yes, I do.
　(2) Do they eat rice?
　　No, they don't.

# 14 a, an, the の使い方 ----- p.41

❶ (1) a　　(2) an　　(3) a
　(4) an　　(5) a　　(6) an
❷ (1) a　　(2) the　　(3)×
　(4) an　　(5)×　　(6) a / the
**ポイント** animal(動物), apple(りんご), orange(オレンジ), English teacher(英語の先生)のように, 母音(アイウエオに似た音)で始まる語の前には, a ではなく an を使います。人名や教科名, スポーツ名には a, an, the はつけません。
❸ (1) I eat an apple and a
　(2) I want milk and an
**ポイント** (2)milk は数えられない名詞なので a や an はつけません。

## まとめのテスト ----- p.42〜43

**1** (1) a　　(2)×　　(3) an
**2** (1) play　　　　(2) eat an[one]
　(3) don't like　　(4) Do, speak
　(5) have / the
**3** (1) do　　(2) do not　　(3) don't
**4** (1) I read the book
　(2) You have an apple
　(3) We don't know the doctor.
　(4) Do you use a computer?
✎ (1) You play the piano.
　(2) They don't[do not] study English.
　(3) Do you like soccer?
　　Yes, I do.
**ポイント** (1)「ピアノをひく」は, play the piano です。「(楽器を)演奏する」は play the 〜で the が必要です。忘れないようにしましょう。

5

# 15 「彼[彼女]は〜します」の文 p.45

**❶** (1) likes    (2) reads    (3) speak
(4) play    (5) runs    (6) walk

**ポイント** 現在の文で，主語が I と you 以外の
1人（3人称・単数）のとき，一般動詞の語尾
に s をつけます。

**❷** (1) He lives in London.
(2) She uses the computer.
(3) My brother wants a new bike.

✎ Tom makes breakfast

# 16 注意すべき3人称・単数・現在形 p.47

**❶** (1) washes    (2) teaches    (3) goes
(4) studies    (5) has

**ポイント** 現在の文で，主語が3人称・単数の
とき（3人称・単数・現在形），wash，teach，
go など sh，ch，o で終わる語は語尾に es を
つけます。study は最後の y を i にかえて es
をつけ studies に，have は has になります。

**❷** (1) Bob watches TV
(2) She goes to the library

✎ (1) She has a dog.
(2) Ms. White teaches English.

# 17 「彼[彼女]は〜しません」の文 p.49

**❶** (1) does not    (2) doesn't
(3) doesn't like    (4) doesn't watch

**ポイント** 3人称・単数・現在形の一般動詞の
否定文は，動詞の前に doesn't[does not] を
置きます。このとき，あとの動詞は s や es の
つかないもとの形（原形）を使うことに注意し
ましょう。

**❷** (1) does not speak Japanese
(2) doesn't know my uncle
(3) doesn't have a car

**❸** (1) He doesn't live in Canada.
(2) Mary doesn't have a sister.

# 18 「彼[彼女]は〜しますか」の文 p.51

**❶** (1) Does    (2) Does
(3) Does, play    (4) Does, teach
(5) Does Hiroshi have

**ポイント** 現在の文で，主語が3人称・単数の
一般動詞の疑問文は，主語の前に Does を置き，
あとの動詞を原形にします。

**❷** (1) Yes, she does. / No, she doesn't.
(2) Yes, he does. / No, he doesn't.

✎ (1) Does he read the book?
Yes, he does.
(2) Does your aunt listen to music?
No, she doesn't.

**ポイント** (2) your aunt（あなたのおばさん）な
ので，答えるときは1語に置きかえ，she を
使うことに注意しましょう。

# 19 「…は何を〜しますか」の文と答え方 p.53

**❶** (1) What / like
(2) What does / makes
(3) What, do / watch
(4) What does / wants
(5) What do / study

**ポイント** 疑問文の do と does の使い分けに注
意しましょう。(2)(4)は主語が3人称・単数な
ので，does を使います。答えの文も動詞の語
尾に s をつけます。

**❷** (1) What does Lisa play?
(2) What do you have?
(3) What does Jiro do

✎ What does he do /
He plays baseball.

**ポイント** 「何をしますか」とたずねるときは，
「する」という意味の動詞 do を使います。

## まとめのテスト ............ p.54〜55

**1** (1) uses　　(2) play　　(3) does
(4) don't　　(5) Do　　(6) Does
(7) eat

**ポイント** (1)(3)(6)現在の文で，主語が３人称・単数なので，動詞の語尾にｓをつけます（３人称・単数・現在形）。また，否定文や疑問文では does を使います。

**2** (1) Yes, she does.
(2) No, he doesn't.
(3) No, they don't.

**ポイント** (1)(2)主語を Ms. Green → she, your brother → he にかえることに注意しましょう。Ms. は女性に対して使います。

**3** (1) He speaks Chinese.
(2) Koji has a dog.
(3) My father doesn't cook dinner.
(4) Does Yumi go to the library?

**ポイント** (2) have の３人称・単数・現在形は has です。

✐ (1) He watches TV every day.
(2) My mother doesn't know Tom.
(3) Does Ken run in the morning?
(4) What does Emi want?
　　She wants a camera.

**ポイント** (3)主語が３人称・単数でも，疑問文のときは動詞はもとの形を使うことに注意しましょう。
(4)「何」をたずねるときは，what を文の最初に置き，そのあとに疑問文を続けます。

## ▶リスニング問題にチャレンジ　　p.56

**1** (1) ウ　　(2) ア　　(3) イ

**ポイント** 一般動詞に注意して聞きましょう。speak Chinese(中国語を話す)や play baseball(野球をする)のように，動詞のあとにくる「〜を」の部分に注意しましょう。

**2** (1) カナダ　　(2) バスケットボール
(3) 音楽
(4) ピアノとギター [ ギターとピアノ ]

**ポイント** 出身地や好きなことに注意して聞きましょう。

### 放送文 ‥‥‥‥‥‥‥‥‥‥‥‥‥‥‥

**1** (1) A: Do you speak Chinese?
　　 B: Yes, I do.
(2) A: Do you play soccer?
　　 B: No, but I play baseball.
(3) A: Do you have a car?
　　 B: No, I don't. I have a bike.

**2** John is my classmate. He is from Canada. He likes basketball very much. He practices it every day. He likes music, too. He plays the piano and the guitar.

## 20 名詞の複数形 ‥‥‥‥‥‥‥‥ p.59

**1** (1) brothers　(2) pencils　(3) apple
(4) caps　　(5) pictures　(6) birds

**ポイント** 数えられる名詞が２つ[２人]以上のときは，語尾にｓをつけ，複数形にします。
(3)は「１つの」を意味する an のあとなので，ｓをつける必要はありません。

**2** (1) Yumi has three bags.
(2) I use many pens.

✐ (1) have three dogs
(2) have a lot of books

# 21 注意すべき複数形・数のたずね方 -------------------- p.61

**❶** (1) boxes    (2) watches    (3) cities
    (4) classes    (5) countries    (6) men
    (7) women    (8) children

**ポイント** (1)(2)(4) s, x, ch, sh で終わる語の複数形は，語尾に es をつけます。
(3)(5)〈子音字＋ y〉で終わる語は，y を i にかえて es をつけます。子音字とは a, i, u, e, o の母音字以外の文字のことです。
(6)〜(8) man → men, woman → women, child → children は，不規則に変化する名詞です。

**❷** (1) How / two
    (2) How many / four
    (3) How many books / has ten
    (4) How many classes / have five

**ポイント** 「いくつ」と数をたずねるときは，〈How many ＋名詞の複数形 〜?〉の形を使います。「〜」の部分には，疑問文が入ります。

**✏** (1) I have two boxes.
    (2) How many watches do you have?
      I have eight.

# 22 形容詞の使い方 -------------------- p.63

**❶** (1) new    (2) small    (3) tall
    (4) difficult    (5) big    (6) famous
    (7) kind

**ポイント** (7)「〜のように見える」は〈look ＋形容詞〉で表します。

**✏** (1) has an old watch
    (2) picture is beautiful
    (3) book looks interesting

**ポイント** (1) old は母音（アイウエオに似た音）で始まる語なので，その前では a ではなく an を使うことに注意しましょう。
(3)主語が3人称・単数であることに注意しましょう。

# 23 副詞の使い方 -------------------- p.65

**❶** (1) well    (2) fast    (3) hard
    (4) sometimes    (5) usually    (6) very

**❷** (1) I often play soccer
    (2) hat is too small
    (3) gets up early every day

**ポイント** (2) too は「あまりにも，〜すぎる」という意味の副詞で，形容詞やほかの副詞の前に置いて，その意味を強調します。

# 24 場所や時を表すことば -------------------- p.67

**❶** (1) in    (2) at    (3) on
    (4) before    (5) under    (6) after

**❷** (1) He washes his car on Sunday(s).
    (2) We study English at school.
    (3) Yumi visits Hokkaido in summer.
    (4) He plays soccer with his brother.

**ポイント** (1)(3)「〜に」と時を表す場合，曜日や日付の前では on，月・年や季節の前では in を使います。時刻の前で使う at とともに覚えておきましょう。なお，「〜曜日に」というとき，曜日に s をつけて on 〜s の形で表すことも多いです。

# 25 「〜があります」の文 -------------------- p.69

**❶** (1) is    (2) are    (3) in
    (4) on    (5) under

**ポイント** (1)(2) is と are の使い分けは，あとに単数の名詞が続けば There is，複数の名詞が続けば There are となります。(3)〜(5)場所を表す前置詞に注意しましょう。

**❷** (1) There is a picture on
    (2) There are many pens in
    (3) There is a dog by

# 26 「〜がありません」「〜がありますか」

-------------------------------------- p.71

❶ (1) not　　　(2) is not

(3) are not

**ポイント** There is[are] 〜 . の 否 定 文 は,
is[are] のあとに not を置きます。

❷ (1) Is there

there is / there isn't

(2) Are there

there are / there aren't

**ポイント** There is[are] 〜. の 疑 問 文 は,
is[are] を there の前に置きます。答えると
きは, Yes, there is[are]. または No, there
isn't[aren't]. のように, there を使うことに
注意しましょう。

❸ (1) There aren't any students in

(2) Are there any bats by

**ポイント** (1) not any 〜は「1人［1つ］も〜な
い」と強い否定の意味を表します。

(2)疑問文では some の代わりに any を使います。

## まとめのテスト

------------------ p.72 〜 73

**1** (1) windows　(2) buses　　(3) classes

(4) boxes　　(5) cities　　(6) women

(7) children

**2** (1) some cars　　(2) at seven

(3) looks old　　(4) There are

(5) Many girls　　(6) sometimes helps

**ポイント** (1)(5) some(いくつかの)や many(た
くさんの)のあとの数えられる名詞は複数形
になります。

**3** (1) This flower is very beautiful.

(2) There is a dog under the table.

(3) I often go to the library.

(4) How many apples do you want?

**ポイント** (2)「…に〜があります［います］」は,
There is[are] 〜で文を始めます。「〜」の部
分にくる名詞が単数形の場合は is を, 複数形
の場合は are を使います。be 動詞と名詞の単
数形・複数形に注意しましょう。

(3) often( よ く ), sometimes( と き ど き ),
usually(たいてい)などの頻度を表す副詞は,
一般動詞の前に置くことが多いです。

✏ (1) These bikes are new.

(2) My brother swims very fast.

(3) We play soccer on Saturday(s).

(4) The man looks busy.

**ポイント** (1) these(これらの)は this(これ)の
複数形です。these のあとにくる名詞は複数
形になること, be 動詞は are を使うことに注
意しましょう。

(2) very は「とても」という意味の副詞で, 形
容詞やほかの副詞の前に置いて使います。

(4)「〜のように見える」は〈look ＋形容詞〉の
形で表します。主語が3人称・単数であるこ
とに注意しましょう。

## ▶リスニング問題にチャレンジ

p.74

❶ (1)オ　(2)イ　(3)ウ　(4)カ

**ポイント** (2)(3)〈How many ＋ 名 詞 の 複 数 形
〜?〉は「いくつ?」と数をたずねる表現です。
答えの数に注意して聞きましょう。

❷ (1)イ　(2)ウ　(3)カ　(4)ク

**ポイント** 形容詞 small(小さい), 副詞 well(じょ
うずに), 前置詞 under(〜の下に)に注意して
聞きましょう。

## 放送文

❶ (1) A: What do you see?

B: I see a lot of birds.

(2) A: How many balls do you have in
your hands?

B: I have three.

(3) A: How many boxes does he have?

B: He has four.

(4) A: Is this your bike?

B: Yes. It's new.

❷ (1) The girl has a dog. It is small.

(2) There is a cat under the tree.

(3) The girl listens to music.

(4) The boy plays soccer well.

# 27 代名詞とは? ----------- p.77

❶ (1) He　　　(2) She　　　(3) It
(4) They

**ポイント** 代名詞は、1人の男性には he(彼は)、
1人の女性には she(彼女は)、1つのものに
は it(それは)、複数の人やものには they(彼
らは、彼女らは、それらは)を使います。

❷ (1) She is a nurse.
(2) He is from America.
(3) We are students.

**ポイント** (2) Mr. は男性に対して使います。女
性に対しては、Ms. を使います。
(3) ～ and I(～と私)を受けるときは we(私た
ちは)を使います。

❸ (1) These are new
(2) They are good baseball

# 28 「私の～」「あなたの～」などの言い方
---------------- p.79

❶ (1) my　　　(2) Your　　　(3) her
(4) our

❷ (1) know Yuki's mother
(2) is my sister's computer
(3) like their English teacher

**ポイント** (1)(2)「ユキの」や「姉の」などの名
詞の所有格(「～の」)は〈名詞＋'s〉の形で表し
ます。

✐ (1) Bill's father is a doctor.
(2) This is his new racket.

# 29 「私を」「彼を」「彼女を」などの言い方
---------------- p.81

❶ (1) me　　　(2) you　　　(3) us
(4) them

❷ (1) him　　　(2) her　　　(3) it
(4) them

**ポイント** 目的格の代名詞(「～を」「～に」の
形)は、1人の男性には him(彼を)、1人の
女性には her(彼女を)、1つの物には it(それ
を)、複数の人や物には them(彼らを、彼女らを、
それらを)を使います。

✐ (1) Ms. Okada knows me
(2) She cooks dinner for them.

**ポイント** (2) for, with などの前置詞のあとの
代名詞は目的格(「～を」「～に」の形)を使い
ます。

# 30 「私のもの」「あなたのもの」などの言い方
---------------- p.83

❶ (1) mine　　　(2) yours　　　(3) hers
(4) his　　　(5) ours

**ポイント** (4) his は「彼の」と「彼のもの」の
両方の意味があります。

❷ (1) mine　　　(2) his　　　(3) ours
(4) theirs

✐ (1) This hat is hers.
(2) That soccer ball is Ken's.

**ポイント** (2)「ケンの」と「ケンのもの」は、
どちらも Ken's で表します。〈名詞[人名]＋'s〉
は「～の」と「～のもの」の両方の意味で使
うことに注意しましょう。

**1** (1) me　　(2) your　　(3) him
　　(4) us　　(5) their　　(6) his
　　(7) her

**2** (1) you / we
　　(2) mine / hers
　　(3) They / Its
　　(4) Ken's / Takeshi's

**3** (1) I visit his house.
　　(2) Everybody likes her.
　　(3) We are in the tennis club.
　　(4) That school is theirs.
　　**ポイント** (4) Bob and Jack's は「ボブとジャックのもの」という意味です。これを「彼らのもの」を表す代名詞 theirs にかえます。

✎ (1) He is our teacher.
　 (2) We don't[do not] know them.
　 (3) This racket is yours.
　 (4) This is my watch.
　　　I use it every day.

▶ **リスニング問題にチャレンジ**　　p.86

**1** (1) ウ　(2) イ　(3) エ　(4) カ
　　**ポイント** 名詞の代わりのことばが「代名詞」です。注意して聞きましょう。

**2** (1) ア　(2) イ
　　**ポイント** (1) 目的格(「～を」「～に」の形)の代名詞は，前置詞のあとにも使います。
　　(2) 所有格(「～のもの」の形)を表す代名詞に注意しましょう。

**放送文** ┈┈┈┈┈┈┈┈┈

**1** (1) A:　I have two dogs.
　　　B:　They are cute!
　 (2) A:　What's this?
　　　B:　It's my dog's house.
　 (3) A:　Do you use this computer every day?
　　　B:　No.　I sometimes use it.
　 (4) A:　Do you know Eita and Miki?
　　　B:　Yes.　I know them very well.

**2** (1) Do you play tennis with your brother?

(2) Is this your hat?

# 31 「だれ？」「いつ？」「どこ？」

**❶** (1) Who　　(2) When　　(3) Where
　　(4) When does　　(5) Where is
　　(6) Who makes[cooks]
　　**ポイント** (6)「だれが～しますか」とたずねるときは，Who を主語にして〈Who ＋一般動詞 ～ ?〉で表します。Who は３人称・単数として扱うので，makes[cooks]のように動詞の語尾に s をつけることに注意しましょう。

**❷** (1) ウ　(2) ア　(3) イ

✎ (1) When do you play the piano?
　　　After school.
　 (2) Where does Ken study?
　　　In[At] the library.
　 (3) Who is Keiko?
　　　my sister
　　**ポイント** (1)「ピアノをひく」は play the piano と表します。「演奏する」という意味の play のあとの楽器名の前には the をつけます。

# 32 「だれの～？」「どちら？」「どう？」

**❶** (1) Whose / Taku's　(2) Which, or
　　(3) How / sunny

**❷** (1) Whose notebook is this?
　　(2) Which do you like, math or
　　(3) How is the weather in

✎ (1) How do you go to
　　　By bus.
　 (2) Which, coffee or
　　　Tea
　　**ポイント** (1)「バスで」は by bus です。by のあとの乗り物を表す語の前(train, bike など)には a[an] や the をつけません。

# 33 年齢や値段などのたずね方 -------- p.93

❶ (1) How old　(2) How much
　(3) How long
❷ (1) How old is your
　(2) How much is this
　(3) How long is the English

**ポイント** (3) How long ～?(どのくらい長い[長く]?)は物の長さや時間[期間]の長さをたずねるときに使います。

✎ (1) How old is your brother?
　　He is seventeen (years old).
　(2) How much is this pencil?
　　It's eighty yen.

**ポイント** (1)数字のあとに years old をつけて，He is seventeen years old. と答えることもできます。

# 34 時刻・日付・曜日のたずね方 ----- p.95

❶ (1) What time / It's ten
　(2) What day / Sunday
　(3) What, date / August
❷ (1) What day is it
　(2) What is the date
　(3) What time is it

**ポイント** (1)「今日は何曜日ですか」は，today を主語にして What day is today? と言うこともあります。

✎ (1) What's[What is] the date today?
　　It's[It is] September 5.
　(2) What day is (it) today?
　　It's[It is] Wednesday.
　(3) What time is it now?
　　It's[It is] seven thirty.

**ポイント** (1)日にちを言うときは，「～番目」を表す序数を使います。September 5 は September (the) fifth のように言います。1日は first，2日は second，3日は third と言います。

# 35 「～しなさい」「～してください」 ----- p.97

❶ (1) Study　(2) Wash　(3) come
　(4) Be, please

**ポイント** (1)(2)「～しなさい」と相手に指示したり命令するときは，主語を省略して，動詞の原形で文を始めます。
(3)(4)「～してください」とていねいに言うときは，命令文の前か後ろに please を置きます。please を後ろに置くときは，その前にコンマ( , )が必要になります。

❷ (1) clean your room
　(2) Please sing this song

✎ (1) Read this book
　(2) Please close
　(3) Ken, look at these pictures.
　　[Look at these pictures, Ken.]

**ポイント** (3)呼びかけの語は，命令文の前か後ろに置きます。どちらの場合も名前の前か後ろにコンマ( , )が必要です。

# 36 「～してはいけません」「～しましょう」 ----- p.99

❶ (1) Don't　(2) Don't use
　(3) Let's　(4) Let's play / let's

**ポイント** (1)(2)「～してはいけません」と禁止の命令を表すときは，〈Don't ＋動詞の原形 ～.〉の形で表します。
(3)(4)「～しましょう」と相手を誘うときは，〈Let's ＋動詞の原形 ～.〉の形で表します。同意するときは，Yes, let's. と言います。

❷ (1) Don't watch TV
　(2) Let's have lunch

✎ (1) Don't speak Japanese.
　(2) Let's listen to music.
　　No, let's not.

**ポイント** (2) Let's ～ .「～しましょう」に断るときは，No, let's not. と言います。

1 (1) When　　(2) Which　　(3) How
　(4) What　　(5) Where

2 (1)エ　　(2)オ　　(3)ア　　(4)カ
　(5)ウ　　(6)キ　　(7)イ

3 (1) Who is that girl?
　(2) How much is this bag?
　(3) Please come to the party.
　　　[Come to the party, please.]
　(4) Don't play baseball in this park.

✐ (1) Where does Tom live?
　(2) Whose cameras are these?
　(3) What's[What is] the date today?
　(4) Let's go to the library after school.
　　　− No, let's not.

❶ (1)イ　(2)ア　(3)イ　(4)ア　(5)ウ
　ポイント 文の最初にくる疑問詞に注意して聞
　きましょう。(5) How much 〜? は「いくら?」
　と値段をたずねる表現です。

❷ (1)イ　(2)イ　(3)ア　(4)ウ
　ポイント 動詞に注意して聞きましょう。(2) be
　動詞の命令文は Be 〜. です。Be careful. は「注
　意しなさい」という意味です。

放送文 ▪▪▪▪▪▪▪▪▪▪▪▪▪▪▪▪▪▪▪▪▪▪▪▪▪▪▪▪

❶ (1) Who is that girl?
　(2) When do you go shopping?
　(3) Whose notebook is this?
　(4) How do you go to school?
　(5) How much is this bag?

❷ (1)ア　Please read this book.
　イ　Please sit down.
　ウ　Please open the door.
　(2)ア　Stand up.　イ　Be careful.
　ウ　Look at me.
　(3)ア　Don't run.　イ　Don't watch TV.
　ウ　Don't close the window.
　(4)ア　Let's study.　イ　Let's play tennis.
　ウ　Let's have lunch.

# 37 「〜できます」の文

❶ (1) can　　　　(2) can play
　(3) can speak　　(4) can make
　ポイント 「〜できます」は，動詞の前に can
　を置いて表します。このとき，主語が何であっ
　ても，あとの動詞はいつでも原形を使います。
　また，can 自体も形は変わりません。

❷ (1) can run fast
　(2) can drive a car
　(3) can play soccer well

✐ (1) I can help my father.
　(2) She can use a computer.

# 38 「〜できません」「〜できますか」

❶ (1) can't[cannot]
　(2) can't[cannot] eat
　(3) can't[cannot] read
　ポイント 「〜できません」は，動詞の前に can't
　[cannot] を置いて表します。can't のあとの
　動詞もいつでも原形を使います。

❷ (1) Can you play basketball?
　　　I can / I can't[cannot]
　(2) Can Ms. Green cook *tempura*?
　　　she can / she can't[cannot]
　(3) Can your brother drive a car?
　　　he can / he can't[cannot]
　ポイント 「〜できますか」とたずねるときは，
　can を主語の前に置きます。答えるときも
　can を使います。

✐ (1) I can't[cannot] play the piano.
　(2) Can he speak English?
　　　No, he can't[cannot].

# 39 「～してもよいですか」「～してくれますか」
------------------------- p.109

❶ (1) I (2) you
(3) Can you (4) Can I

**ポイント** (1)(4)「～してもよいですか」と許可
を求めるときは, Can I ～? で表します。
(2)(3)「～してくれますか」と依頼するときは,
Can you ～? で表します。

❷ (1) Can I use / Sure
(2) Can you help / sorry

✎ (1) Can you carry this box?
(2) Can I listen to music?
(3) Can you come to my house?


## まとめのテスト
---------------- p.110～111

**1** (1) speak (2) can't (3) Can
(4) Can I

**ポイント** (1)主語が何でも can のあとの動詞は
いつでも原形になることに注意しましょう。
(4)は「ここにすわってもいいですか」と相手
に許可を求める表現です。

**2** (1) We can ski in winter.
(2) Yuji can play basketball well.
(3) Bob can't[cannot] eat *natto*.
(4) Can your mother use a computer?
she can

**ポイント** (4)疑問文の主語 your mother を, 答
えの文では she にかえます。

**3** (1) My brother can teach math.
(2) Can you see that tree?
(3) I cannot sing English songs.
(4) Can you cook dinner for me?

✎ (1) She can't[cannot] drive a car.
(2) Can you swim fast?
No, I can't[cannot].
(3) Can I use this camera?


# 40 「～しています」の文
------------------------- p.113

❶ (1) am watching (2) is playing
(3) are helping (4) are eating

**ポイント**「～しています」という現在進行形
の文は, 〈be 動詞＋動詞の ing 形〉で表します。
be 動詞の am, are, is は主語により使い分け
ます。主語が I なら am, you と複数なら are,
3 人称・単数なら is を使います。

❷ (1) am studying science
(2) is waiting for a bus

✎ (1) I am reading a book
(2) Yuta is listening to music
(3) We are playing volleyball now.


# 41 注意すべき ing 形
------------------------- p.115

❶ (1) writing (2) running
(3) making (4) swimming

**ポイント** (1)(3) write, make のような e で終
わる動詞は, 最後の e をとって ing をつけま
す。ほかに take, use, practice(練習する),
have(食べる)などもこの仲間です。
(2)(4) run, swim は, 最後の文字を重ねて ing
をつけ, running, swimming となります。
ほかに sit → sitting, get → getting なども
覚えておきましょう。

❷ (1) using (2) running
(3) is making (4) is sitting
(5) am writing (6) are having

**ポイント** (3)～(6)主語によって be 動詞を使い
分けます。主語が I なら am, you と複数なら
are, 3 人称・単数なら is を使います。

✎ (1) I am practicing
(2) My father is taking
(3) They are swimming

14

# 42 「～していません」「～していますか」 --------------------- p.117

① (1) not reading　　(2) isn't playing
(3) aren't cleaning

**ポイント** 「～していません」という現在進行形の否定文は，be 動詞のあとに not を置いて作ります。is not の短縮形 isn't，are not の短縮形 aren't もよく使われるので，覚えておきましょう。

② (1) Are you doing your homework?
Yes, I am. / No, I'm[I am] not.
(2) Is Emi running in the park?
Yes, she is. / No, she isn't[is not].

**ポイント** 「～していますか」という現在進行形の疑問文は，be 動詞を主語の前に置いて作ります。答えるときも be 動詞を使います。

✎ (1) I'm[I am] not watching TV
(2) Is Ken playing the guitar?
Yes, he is.

# 43 「何をしていますか」の文 --------------------- p.119

① (1) are, doing / am writing
(2) What, doing / is helping
(3) What are, studying /
are studying
(4) Who, swimming / is

**ポイント** (1)(2)「何をしていますか」とたずねるときは，疑問詞 What で始め，そのあとに「する」という意味の動詞 do の ing 形 doing を使います。
(4)「だれが～していますか」とたずねるときは，Who を主語にした疑問文 Who is ～ing? で表します。答えるときは〈主語＋ be 動詞 .〉の形を使います。

✎ (1) What is Yumi doing?
She is washing the dishes.
(2) Who is cooking dinner?
My sister is.

## まとめのテスト --------------- p.120～121

1 (1) listening　(2) playing　(3) isn't
(4) having　(5) cleaning　(6) Are
(7) has

**ポイント** (1)(2)現在進行形の文。be 動詞のあとに動詞の ing 形を続けます。
(3)(4)現在進行形の否定文。〈主語＋ be 動詞＋ not ＋動詞の ing 形 ....〉で表します。isn't は is not の短縮形です。
(5)(6)現在進行形の疑問文。〈be 動詞＋主語＋動詞の ing 形 ...?〉で表します。
(7) have は「食べる」の意味では進行形にできますが，「持っている，飼っている」の意味では進行形にできません。現在形を使います。主語が 3 人称・単数なので has を使います。

2 (1) Are, studying　(2) am going
(3) isn't using　　(4) Who is

**ポイント** (4)「だれが～していますか」は，〈Who is ＋動詞の ing 形 ...?〉で表します。主語になる Who は 3 人称・単数として扱うので，あとに続く be 動詞は is を使います。

3 (1) I am writing a letter.
(2) We are swimming in the sea.
(3) He isn't[is not] washing the car.
(4) Are they eating lunch?
Yes, they are.
(5) What is Mika doing now?

**ポイント** (2) swim の ing 形は，語尾の m を重ねて swimming となります。

✎ (1) Tom is running in the park.
(2) Are you watching TV now?
No, I'm[I am] not.
(3) What is your mother cooking?

**ポイント** (1) run の ing 形は，語尾の n を重ねて running となります。

**1** (1)イ　(2)ウ　(3)ア

**ポイント** 助動詞 can のあとにくる動詞に注意して聞きましょう。(2) Can I ～? は「～してもよいですか」，(3) Can you ～? は「～してくれますか」という意味です。

**2** (1)ア　(2)ウ　(3)イ

**ポイント** 現在進行形は，〈be 動詞＋動詞の ing 形〉で表します。動詞の ing 形に注意して聞きましょう。

**放送文**

**1** (1)A:　Can your brother ride a bike?
　　B:　Yes, he can.
(2)A:　Can I use your camera?
　　B:　Sure.
(3)A:　Can you open the door?
　　B:　All right.

**2** (1)Is Bob playing the guitar?
(2)What is Taro doing?
(3)Who is playing tennis with Yuka?

# 44 「～しました」の文
-------------------- p.125

**1** (1) played　(2) visited　(3) called
(4) enjoyed

**ポイント** 「～しました」という過去の文は，一般動詞の過去形を使います。過去形は，play → played のように，動詞の原形の最後に ed をつけて表します。

**2** (1) listened to music yesterday
(2) cooked dinner last Sunday

✎ (1) helped Bill yesterday
(2) watched the baseball game last night
(3) Ken cleaned his room.

# 45 注意すべき過去形
-------------------- p.127

**1** (1) liked　(2) used　(3) studied
(4) stopped　(5) came　(6) made
(7) saw　(8) read

**ポイント** (1)(2) like, use のように語尾が e で終わる動詞の過去形は d だけをつけます。
(3) study の過去形は，語尾の y を i にかえて ed をつけ，studied です。
(4) stop の過去形は，語尾の p を重ねて ed をつけ，stopped です。
(5)～(8)不規則動詞の過去形は，それぞれ独自の変化をします。read は原形と過去形のつづりは同じですが，発音が異なります。原形は [ リード ]，過去形は [ レッド ] と発音します。

**2** (1) lived　(2) went　(3) got
(4) had　(5) took

✎ (1) I made a cake yesterday.
(2) Tomoko read the e-mail last night.
(3) We saw Tom five days ago.

# 46 「～しませんでした」の文
-------------------- p.129

**1** (1) did　(2) did not
(3) didn't get　(4) didn't come

**ポイント** 「～しませんでした」という過去の否定文は，動詞の前に didn't[did not] を置いて作ります。このとき，あとの動詞は原形(もとの形)を使うことに注意しましょう。

**2** (1) I did not study last
(2) didn't have breakfast this
(3) didn't go to the library

✎ (1) We didn't[did not] use this room yesterday.
(2) Kumi didn't[did not] play basketball last week.

# 47 「~しましたか」の文 ---------------------------- p.131

**1** (1) Did　　　(2) Did, take
(3) Did, see　　(4) Did he study
(5) Did they come

**ポイント** 「~しましたか」という過去の疑問文は，主語の前に Did を置き，あとの動詞を原形にします。

**2** (1) Yes, he did. /
No, he didn't.
(2) Yes, she did. /
No, she didn't.

**ポイント** 過去の疑問文には，did を使って答えます。

✎ (1) Did you play baseball
I did
(2) Did she go to the park?
she didn't[did not]

# 48 「何をしましたか」の文 ---------------------------- p.133

**1** (1) What / played
(2) When did / visited
(3) Where did / went

**ポイント** (1) 「何をしましたか」とたずねるときは，「する」という意味の動詞 do を使います。答えるときも動詞を過去形にすることに注意しましょう。

**2** (1) When did you see
(2) What did Emi study
(3) Where did they watch

✎ (1) What did you eat[have]
(2) How did she come to your

# 49 「~でした」の文 ---------------------------- p.135

**1** (1) was　　(2) were　　(3) was
(4) were

**ポイント** be 動詞の過去形には was と were があり，主語により使い分けます。主語が I と 3人称・単数なら was，主語が you と複数なら were を使います。

**2** (1) It was very hot
(2) We were in Tokyo

**ポイント** (1) ここでの主語 it は寒暖を表し，「それ」とは訳しません。(2) be 動詞は，あとに場所を表す語句がきて，「(~に)いる，(~に)ある」という意味でも使われます。

✎ (1) was a famous singer
(2) were in Kyoto yesterday

# 50 「~ではありませんでした」「~でしたか」 ---------------------------- p.137

**1** (1) was not　(2) were not
(3) wasn't

**ポイント** be 動詞の過去の否定文は，was, were のあとに not を置きます。短縮形は was not → wasn't，were not → weren't です。

**2** (1) Was it
it was / it wasn't
(2) Were, books
they were / they weren't

**ポイント** be 動詞の過去の疑問文は，was, were を主語の前に置いて作ります。答えるときも was, were を使います。

**3** (1) It was not cold
(2) Were you in the room

# 51 「～していました」の文
······· p.139

① (1) was studying
(2) was helping
(3) were playing
(4) was taking
(5) were having
(6) were swimming

**ポイント** 「～していました」という過去進行形の文は，〈was[were] ＋動詞の ing 形〉の形で表します。主語が I と 3 人称・単数なら was，you と複数なら were を使います。
(4)(5) take → taking，have → having のように，e で終わる動詞は，最後の e をとって ing をつけます。
(6) swim は，最後の文字を重ねて ing をつけ，swimming となることに注意しましょう。

② (1) Lisa was listening to
(2) I was making lunch
(3) They were running in

# 52 「～していませんでした」「～していましたか」
······· p.141

① (1) was not          (2) were not
(3) wasn't using
(4) weren't watching

**ポイント** 「～していませんでした」という過去進行形の否定文は，was[were] のあとに not を置いて作ります。

② (1) Was, running
he was / he wasn't
(2) Were, playing
they were / they weren't
(3) What, doing
was writing

**ポイント** 「～していましたか」という過去進行形の疑問文は，was, were を主語の前に置いて作ります。答えるときも was, were を使います。
(3)「何をしていましたか」は What のあとに過去進行形の疑問文を続けます。

# まとめのテスト
······· p.142 ～ 143

1 (1) enjoyed    (2) used    (3) stopped
(4) got    (5) came    (6) took
(7) read    (8) ate

**ポイント** (2) use は e で終わる語なので，d だけつけます。(3) stop は最後の p を重ねて ed をつけ，stopped となります。(4)～(8)不規則動詞で，独自の変化をします。(7) read は原形と過去形が同じつづりですが，発音が異なるので注意しましょう。

2 (1) played          (2) lived
(3) didn't get        (4) Did, clean
(5) was               (6) were
(7) was listening

**ポイント** (1)(2)(4)規則動詞。(3)不規則動詞。(5)(6) be 動詞の過去形 was, were。(7)過去進行形。

3 (1) Yui saw her aunt yesterday.
(2) I didn't go to the library last Saturday.
(3) Did Mr. Ito make a cake last night? / he did
(4) When did he visit America?

**ポイント** (1) yesterday(昨日)，last ～(この前の～)， ～ ago(～前に)などの過去を表す語(句)があるときは，動詞を過去形にします。
(2)～(4)否定文・疑問文では動詞を原形にすることに注意しましょう。

✍ (1) studied English yesterday.
(2) had a cat three years ago
(3) Did you watch TV last night? / I didn't
(4) What did they do after school?
(5) They helped their teacher(s).

**ポイント** (1) study の過去形は，y を i にかえて ed をつけ，studied となります。
(4)(5)「何をしましたか」とたずねるときは，「する」という意味の do を使います。答えるときは，動詞を過去形の helped にすることに注意しましょう。

▶リスニング問題にチャレンジ　　p.144

**1** (1)ウ　(2)ウ　(3)エ

**ポイント** (1)(2) did を使った疑問文は「～しましたか」という意味の過去の疑問文です。

(2)は what で始まる疑問文で「昨夜，何をしましたか」という意味です。

**2** (1)エ　(2)ウ　(3)カ　(4)オ　(5)イ

**ポイント** 動詞の過去形(got, had, went, studied, played, came, was (tired), helped)に注意して聞きましょう。

**放送文** ∙∙∙∙∙∙∙∙∙∙∙∙∙∙∙∙∙∙∙∙∙∙∙∙∙∙∙∙∙∙∙∙∙∙∙∙

**1** (1) Did you clean your room yesterday?

(2) What did you do last night?

(3) Were you busy yesterday?

**2** I got up at 7:30.  I had breakfast with my brother.  Then I went to the library and studied English.  In the afternoon, I went to the park.  Then I played tennis with my friend, Mary.  At five, I came home.  I was very tired.  But I helped my mother.

0 9 8 7 6 5 4
D C B A